A Fiscalidade
das Sociedades Insolventes

A Fiscalidade das Sociedades Insolventes

UMA PRIMEIRA ABORDAGEM

2017 · 2ª Edição

Ana Arromba Dinis
Cidália Mota Lopes

Com a colaboração de
Pedro Miguel de Jesus Marcelino

A FISCALIDADE DAS SOCIEDADES INSOLVENTES
UMA PRIMEIRA ABORDAGEM

1ª Edição: Abril 2015

AUTORES
Ana Arromba Dinis
Cidália Mota Lopes

COM A COLABORAÇÃO DE
Pedro Miguel de Jesus Marcelino

EDITOR
EDIÇÕES ALMEDINA, S.A.
Rua Fernandes Tomás, n.ºs 76-80
3000-167 Coimbra
Tel.: 239 851 904 · Fax: 239 851 901
www.almedina.net · editora@almedina.net

DESIGN DE CAPA
FBA.

PRÉ-IMPRESSÃO
EDIÇÕES ALMEDINA, SA

IMPRESSÃO E ACABAMENTO
Vasp - DPS

Março, 2017

DEPÓSITO LEGAL
423013/17

Os dados e as opiniões inseridos na presente publicação são da exclusivas responsabilidade do(s) seu(s) autor(es).
Toda a reprodução desta obra, por fotocópia ou outro qualquer processo, sem prévia autorização escrita do Editor, é ilícita e passível de procedimento judicial contra o infrator.

 | GRUPOALMEDINA

BIBLIOTECA NACIONAL DE PORTUGAL – CATALOGAÇÃO NA PUBLICAÇÃO
DINIS, Ana Cristina dos Santos
Arromba, e outro
A fiscalidade das sociedades insolventes : uma
primeira abordagem / Ana Cristina dos Santos
Arromba Dinis, Cidália Maria da Mota Lopes. – 2ª ed.
ISBN 978-972-40-6931-9

I – LOPES, Cidália Maria da Mota Lopes
CDU   347

PREFÁCIO

A evolução económica recente, em particular na Europa e nos EUA, veio dar, por razões bem conhecidas, um acrescido relevo a determinado fenómeno empresarial: a insolvência de sociedades.

A insolvência de um ente coletivo acarreta, como bem se sabe, um alargado conjunto de efeitos. Assim, dela resultam repercussões na produção, no emprego, nas relações contratualizadas com clientes e fornecedores e, ainda, no âmbito da relação jurídico-tributária entre aqueles entes e o Estado.

Na verdade, uma vez declarada a insolvência, o objetivo principal de uma empresa que se encontra em tal situação já não é a regular prossecução de uma atividade económica, mas sim a realização de operações que, por via da alienação de ativos, permitam satisfazer, na medida do possível, os respetivos credores.

Ora, no contexto que se acabou de descrever, é do interesse dos administradores da insolvência, dos empresários, dos tribunais, dos contabilistas e auditores, e de muitos outros profissionais destas áreas, analisar a seguinte questão de base: como se enquadra uma sociedade insolvente no regime tributário vigente em Portugal?

Em particular, gerará a massa insolvente operações das quais resulte rendimento a tributar em sede de IRC? Será o IVA aplicável às transações que dela decorram? E como se deve analisar a questão no tocante ao IMI, ao IMT, ou aos benefícios fiscais? Em suma, o tratamento fiscal das operações que se desenrolam no âmbito de uma insolvência é assunto ao mesmo tempo importante e complexo, cuja análise global sempre se apresentaria como um desafio de forte calibre.

Ora é precisamente uma resposta a este desafio – diga-se, desde já, de elevada qualidade – que o livro *"A Fiscalidade das Sociedades Insolventes"*, da autoria de Ana Dinis e Cidália Lopes, e com a colaboração de Pedro Marcelino, oferece ao leitor e que me cabe a honra de prefaciar.

Começando por apresentar uma análise estatística da insolvência empresarial em diversas áreas geográficas do planeta, que dá ao leitor uma visão quantificada de como a recente crise tem influenciado este fenómeno, a obra entra depois na dilucidação de conceitos essenciais à boa compressão do tema. Assim, a insolvência, a dissolução, a liquidação e extinção de sociedades são, nos seus aspetos jurídico-normativos, devidamente explanadas, apresentando-se várias posições doutrinais e, nesse domínio, aquelas que merecem a adesão das autoras.

Entra-se, depois, na parte que reputo mais importante do livro: a discussão sobre o enquadramento das operações relativas à massa insolvente em sede de IRC, IVA, IMT, IMI, Imposto do selo, IUC e ainda dos benefícios fiscais inerentes a cada um destes tributos.

A discussão normativa, doutrinal e jurisprudencial sobre se o IRC deve ou não incidir sobre eventuais excedentes económicos decorrentes dessas operações é apresentada dc forma clara e abrangente. Aí se espelham as diferentes posições da AT, dos administradores da insolvência e dos tribunais, que são, como o leitor poderá comprovar, muitas vezes divergentes.

Distingue-se o caso das sociedades insolventes que continuam a sua atividade de produção ou venda das que se limitam à realização de operações conducentes à alienação de ativos e ressarcimento dos credores.

Adicionalmente, e enriquecendo a discussão sobre o tratamento em IRC, aborda-se o tema no âmbito do regime especial de tributação dos grupos, matéria muito pertinente, dado o crescente peso de tais formas organizacionais.

Esta combinação de análise normativa, doutrinal e jurisprudencial surge também nos outros tributos a que acima se fez referência, tornando por isso a obra um guia muito proveitoso para todos quantos dela queiram obter uma perspetiva integrada e ampla de como as sociedades insolventes são afetadas pelo regime fiscal.

O livro termina com uma breve comparação entre o regime das insolvências consagrado a nível nacional e o de outros países, como o Brasil ou Espanha. Não faltam pois referências a modelos que vigoram noutras paragens, que sempre constituem motivo de reflexão e de crítica sustentada às soluções que entre nós se aplicam.

Está é, sem dúvida, uma obra que oferece à apreciação do leitor o produto do labor de duas autoras com formação académica diferenciada, as quais beneficiaram da colaboração de outro autor, e que nela colocaram muito empenho. O resultado desse fértil cruzamento de saberes é um sólido testemunho de como um tema complexo pode ser tratado de maneira bem estruturada, e certamente útil, a um vasto leque de interessados.

Coimbra, Setembro 2014

António Martins

NOTA DE APRESENTAÇÃO

O presente livro analisa, de uma forma simples, mas sem descurar o rigor, o regime de tributação das sociedades insolventes em Portugal. Procuraremos, pois, dar resposta a muitas perguntas e problemas fiscais suscitados durante o processo de insolvência das sociedades.

Serão as sociedades insolventes sujeitos passivos de imposto? A liquidação da massa insolvente será um rendimento tributável em sede de imposto sobre o rendimento das pessoas coletivas (IRC)? E em sede de imposto sobre o valor acrescentado (IVA)? E do património? Poderão as sociedades insolventes usufruir de benefícios fiscais? Mais ainda, como são tratadas fiscalmente as sociedades insolventes no plano internacional?

Para o efeito, elabora-se uma análise normativa e uma discussão crítica do regime fiscal das sociedades em processo de insolvência, nomeadamente em sede de tributação do rendimento, do consumo e do património.

A relevância do tema advém da controvérsia na procura pela fundamentação dos princípios da tributação das sociedades insolventes e, pela sua devida aplicação, o que origina as mais diversas posições no processo de insolvência entre os Administradores da Insolvência (AI), a Autoridade Tributária e Aduaneira (AT) e os Tribunais (MJ). Mais ainda, em tempos de crise, como no presente, e com o aumento generalizado de empresas em situação de insolvência, verificado ao longo dos últimos anos, a insolvência de empresas é um tema de atual relevância.

O estudo teve como ponto de partida a dissertação de Mestrado em Contabilidade e Fiscalidade Empresarial apresentada por Ana Cristina Arromba Dinis no Instituto Superior de Contabilidade e Administração de Coimbra (ISCAC), a qual foi substancialmente adaptada e aumentada pelas autoras. Foi reduzido, em particular, o desenvolvimento teórico da parte estatística e metodológica, com vista à sua simplificação, e de forma a atingir um público mais vasto. Foram introduzidos substanciais contributos, em especial, um alargamento da discussão e do enquadramento das sociedades insolventes em sede de outros impostos, para além do imposto sobre o rendimento das pessoas coletivas (IRC). Assim, o presente trabalho versa a análise do enquadramento fiscal das sociedades insolventes e das operações relativas à liquidação da massa insolvente em sede de IRC, IVA, IMT, IMI, Imposto de selo, IUC e, ainda, dos benefícios fiscais aplicáveis a cada um destes tributos.

Este livro pretende, pois, dar um pequeno contributo para um conhecimento mais prático e aprofundado do regime fiscal das sociedades insolventes, bem como das diferenças de tomada de posição dos intervenientes no processo de insolvência: AI, AT e MJ. Refira-se, todavia, que o livro não tem, propositadamente, uma análise jurídica profunda do regime das sociedades insolventes, dado tratar-se de uma matéria abordada, e bem, no contexto nacional. Foi, na verdade, intenção das autoras dar um pequeno contributo para o debate fiscal de um tema cuja discussão se encontra inacabada: a tributação das sociedades insolventes. Os erros e incorreções que o mesmo possa apresentar permanecem da responsabilidade das autoras.

Por último, mas não menos importante, uma palavra de agradecimento aos nossos familiares e amigos pelo tempo que lhe tomámos, e não lhes dedicámos, e a paciência que muitas vezes lhes exigimos.
Coimbra, Setembro 2014

As autoras

Ana Dinis e Cidália Lopes

"Provavelmente não existe questão mais intratável e controversa na legislação falimentar moderna do que a distribuição dos ativos do falido entre os seus credores. A questão ressurge toda a vez que há um grande processo de falência ou uma grande recessão económica, como aquela da qual somente recentemente muitos países industrializados emergiram. Nessas épocas, os credores reclamam, amargamente, sobre o tratamento desleixado que recebem do sistema falimentar."

JACOB S. ZIEGEL[1]

---

[1] Tradução livre do original: "There is probably no more intractable or controversial question in modern insolvency law than the distribution of an insolvent's assets among its creditors. The issue arises anew every time there is major bankruptcy or serious economic recession, such as the one from which many industrialized countries have only recently emerged. At such times, creditors complain bitterly about how shabbily the bankruptcy system treats them", ZIEGEL, J. S. (1995), "Preferences and priorities in Insolvency Laws: Is There a Solution?", UK, *39 St Louis University Law Journal 793, in* http://heinonline.org/HOL/LandingPage?coll ection=journals&handle=hein.journals/stlulj39&div=37&id=&page=.

ÍNDICE GERAL

Introdução Geral 19

PARTE I
O REGIME JURÍDICO DAS SOCIEDADES INSOLVENTES
EM PORTUGAL 23

Capítulo I
AS SOCIEDADES INSOLVENTES: ANÁLISE QUANTITATIVA 25
  1. Introdução 25
  2. As sociedades insolventes na estrutura empresarial portuguesa . . . 25
  3. A insolvência no contexto internacional 33
  4. Notas conclusivas 36

Capítulo II
O REGIME JURÍDICO DAS SOCIEDADES INSOLVENTES
EM PORTUGAL: BREVES CONCEITOS TEÓRICOS 37
  1. Introdução 37
  2. A insolvência: apresentação e análise de alguns conceitos teóricos . . 37
     2.1. Conceitos de insolvência, dissolução, liquidação e extinção . . . 37
     2.2. A massa insolvente e a sua liquidação 43
  3. O regime jurídico das sociedades insolventes em Portugal:
    breves considerações acerca do CIRE 46
  4. Notas conclusivas 50

PARTE II
O REGIME FISCAL DAS SOCIEDADES INSOLVENTES
EM PORTUGAL 51

Capítulo III
O SISTEMA FISCAL PORTUGUÊS NA INSOLVÊNCIA 53
1. Introdução 53
2. A tributação da massa Insolvente em sede de Imposto
   sobre o Rendimento das Pessoas Coletivas (IRC) 54
   2.1. As sociedades insolventes e os pressupostos do IRC 54
   2.2. As sociedades insolventes: sujeitos passivos e base de imposto.. 57
   2.3. As sociedades em liquidação no CIRC 72
   2.4. A tributação dos grupos de sociedades na insolvência 78
       2.4.1. O conceito de grupos de sociedades e a insolvência
             nos grupos empresariais 78
       2.4.2. Condições de acesso ao Regime Especial de Tributação
             dos Grupos de Sociedades (RETGS) 90
       2.4.3. Análise do regime fiscal da tributação
             dos grupos em insolvência 92
3. O regime fiscal da insolvência em sede de Imposto
   sobre o Valor Acrescentado (IVA) 95
   3.1. A liquidação da massa insolvente em sede de IVA 97
   3.2. A dação em cumprimento, a cessão de bens aos credores e o
       IVA 102
4. A Tributação do Património no Processo de Insolvência 107
   4.1. Os prédios integrados na massa insolvente 107
       4.1.1. A insolvência em sede de Imposto Municipal
             sobre Imóveis (IMI) 108
       4.1.2. A tributação em sede de Imposto Municipal
             sobre as Transmissões Onerosas de Imóveis (IMT) 111
       4.1.3. O Imposto do Selo (IS) no processo de insolvência 113
   4.2. O IUC e as viaturas apreendidas para a massa insolvente 114
5. Os benefícios fiscais no processo de insolvência................. 121
   5.1. Benefícios Fiscais em sede de IRC 123
   5.2. Benefício fiscal em sede de IS 126
   5.3. Benefício fiscal em sede de IMT 128
6. Notas conclusivas 133

ÍNDICE GERAL

Capítulo IV
A TRIBUTAÇÃO DAS SOCIEDADES INSOLVENTES:
COMPARAÇÕES INTERNACIONAIS 135
  1. Introdução 135
  2. A tributação das sociedades insolventes
    – Comparações internacionais e resultados de estudos no Brasil,
    em Espanha, nos EUA e na Itália 135
    2.1. A insolvência no Brasil 135
    2.2. A insolvência em Espanha 138
    2.3. A insolvência nos Estados Unidos 140
    2.4. A insolvência em Itália 141
  3. Notas conclusivas 143

PARTE III
CONCLUSÕES FINAIS 145

BIBLIOGRAFIA 153

APÊNDICE 1 – A tributação das sociedades insolventes:
                impacto da jurisprudência 161
APÊNDICE 2 – Análise comparativa das principais abordagens
                sobre a tributação das sociedades insolventes 165

LISTA DE ABREVIATURAS, SIGLAS E SÍMBOLOS

AI – Administradores da Insolvência[2]
AT – Autoridade Tributária e Aduaneira
CIMI – Código do Imposto Municipal sobre Imóveis
CIMT – Código do Imposto Municipal sobre as Transmissões Onerosas de Imóveis
CIS – Código do Imposto do Selo
CIUC – Código do Imposto Único de Circulação
CIRC – Código do Imposto sobre o Rendimento das Pessoas Coletivas
CIRE – Código da Insolvência e da Recuperação de Empresas
CRP – Constituição da República Portuguesa
CSC – Código das Sociedades Comerciais
CIVA – Código do Imposto sobre o Valor Acrescentado
DGCI – Direcção Geral de Contribuições e Impostos
DGPJ – Direção Geral da Política de Justiça
IRC – Imposto sobre o Rendimento das Pessoas Coletivas
IMI – Imposto Municipal sobre Imóveis
IMT – Imposto Municipal sobre as Transmissões Onerosas de Imóveis
IS – Imposto do Selo
IUC – Imposto Único de Circulação
IVA – Imposto sobre o Valor Acrescentado
LGT – Lei Geral Tributária
MJ – Tribunais
NCRF – Norma Contabilística de Relato Financeiro

[2] Sempre que nos referirmos aos Administradores da Insolvência (AI), estaremos a considerar a posição da APAJ Associação Portuguesa dos Administradores Judiciais.

RETGS – Regime Especial de Tributação dos Grupos de Sociedades
RJPADLEC – Regime Jurídico dos Procedimentos Administrativos de Dissolução e Liquidação de Entidades Comerciais
SNC – Sistema de Normalização Contabilística

INTRODUÇÃO GERAL

O presente livro versa sobre a análise do regime fiscal das sociedades insolventes em Portugal. É um tema que consideramos de especial relevância sob vários pontos de vista.[3]

Em tempo de crise, como atualmente, há cada vez mais empresas em situação de insolvência, pelo que a insolvência de empresas é um tema na ordem do dia, pelas implicações sociais e económicas que acarreta.

A insolvência é hoje vista sobretudo como o reflexo das dificuldades económicas e das medidas de austeridade a que poucas empresas escapam. As entidades apresentam-se incapazes de solver os compromissos assumidos, com situações económico-financeiras inábeis e incapazes de pagar as suas dívidas.

A controvérsia do tema "tributação das sociedades insolventes", assenta na procura pela fundamentação dos princípios da tributação e pela sua devida aplicação, o que origina as mais diversas questões no processo de insolvência entre Administradores da Insolvência (AI)[4][5] – figura nuclear

---

[3] No nosso livro quando nos referimos a sociedades estamos a designar aquelas que têm por objeto a prática de atos de comércio e adotam o tipo de sociedade definido nos termos do artº 1º do CSC, nomeadamente, as sociedades por quotas, as sociedades anónimas, entre outras formas societárias, pois, não é objeto de análise a insolvência das empresas individuais, não constituídas sob forma societária.

[4] O administrador da insolvência exerce a sua atividade sob a fiscalização do juiz e em cooperação com a comissão de credores, se existir e tem como tarefa principal, entre outras, preparar o pagamento das dívidas do insolvente à custa das quantias em dinheiro existentes na massa insolvente, conforme podemos constatar da leitura dos artigos, 52º, 55º e 58º do CIRE.

[5] "A nomeação de um administrador de insolvência é necessária face à desconfiança na capacidade de administração do devedor, que a sua insolvência naturalmente pressupõe", in MENEZES LEITÃO, L.M.T. (2012), 4ª edição, *Direito da Insolvência*, Coimbra, Almedina, pp.113.

do instituto da insolvência, essencial à marcha do processo[6] – a Autoridade Tributária e Aduaneira (AT) e os Tribunais (MJ).[7]

Vejamos porquê.

Trata-se de saber se a massa insolvente[8] é ou não é sujeito passivo de imposto e se o produto da liquidação dos ativos insolventes deverá ou não estar sujeito a tributação.

Assim, serão as sociedades insolventes sujeitos passivos de imposto?

E mais, deverá o produto da liquidação da massa insolvente estar sujeito a tributação?

São estas as questões cuja resposta é uma discussão inacabada entre os diferentes intervenientes no processo falimentar: AI, AT e MJ.

Nesse sentido, a AT tem entendido a massa falida ou insolvente como um sujeito passivo e a consequente sujeição dos ativos insolventes a impostos.

Por sua vez, os AI defendem que uma sociedade insolvente não exerce a título principal uma atividade de natureza comercial, industrial ou agrícola, e que, portanto, a partir do momento em que todos os bens são apreendidos para a massa insolvente, o produto da sua liquidação não está sujeito a tributação, sendo esta opinião corroborada por alguma jurisprudência nacional.[9]

A nomeação do AI é da competência do juiz, e o processo de recrutamento que consta do estatuto do administrador de insolvência, é regulamentado na Lei 32/2004, de 22 de julho, sem prejuízo do disposto no CIRE, conforme refere o nº 3 do artigo 52º do CIRE. Nos termos do artigo 53º do CIRE, a escolha também pode ser feita pelos credores, de pessoa que esteja ou não inscrita na lista oficial, desde que o juiz não considere que a mesma pessoa não tem idoneidade ou aptidão para o exercício do cargo, que é manifestamente excessiva a retribuição aprovada pelos credores ou, quando se trate de pessoa não inscrita na lista oficial.

[6] "A quem são cometidas, entre muitas outras de caráter predominantemente preparatório ou instrumental, as tarefas relativas à liquidação do património do devedor ", Cfr. FERNANDES, LUÍS A. CARVALHO E LABAREDA, João (2015), *Código da Insolvência e de Recuperação de Empresas Anotado*, 3ª edição, Lisboa, Quid Juris, pp. 257.

[7] DINIS, Ana, LOPES, Cidália, MARCELINO, Pedro, (2014). "As sociedades insolventes e a tributação em IRC". *Revista de Finanças Públicas e Direito Fiscal*, Ano 7, Número 2, Verão.

[8] De acordo com o conceito dado pelo nº 1 do artº 46º do CIRE, "a massa insolvente destina-se à satisfação dos credores da insolvência, depois de pagas as suas próprias dívidas, e, salvo disposição em contrário, abrange todo o património do devedor à data da declaração de insolvência, bem como os bens e direitos que ele adquira na pendência do processo".

[9] Ver como exemplo os Acórdãos do Supremo Tribunal Administrativo: Processo 01891/02, 26/02/2003, Processo 01895/02, 21/01/2003, Processo 01079/03, 29/10/2003 e Processo 0617/10, 09/02/2011.

A discussão em torno da tributação ou não das sociedades insolventes acentua-se dada a jurisprudência contradizer-se quanto baste, relativamente a esta matéria, e não gerar consensos. [10]/[11] Na realidade, a análise de alguns pontos de desarticulação entre o regime jurídico tributário e o CIRE dão grande relevância ao tema. Também as dificuldades de um sistema judicial como o português, sem cultura de diálogo entre os respetivos intervenientes, aumentam ainda mais a relevância e discussão do tema.

Não existe, pois, consenso entre os diversos intervenientes do processo de insolvência, no que diz respeito à sujeição a imposto das sociedades insolventes. Entendemos, ainda, que a divergência entre os diferentes intervenientes no processo falimentar e a falta de harmonização dos procedimentos do Código da Insolvência e da Recuperação de Empresas (CIRE) e da lei fiscal para um tratamento mais específico dos impostos no processo de insolvência, pode ser promotora de comportamentos evasivos (DINIS, LOPES e SILVA, 2015).[12]/[13]

Trata-se, deste modo, de um tema importante e cuja discussão merece ser tida em conta no meio académico e empresarial.

Este livro tem assim como objetivo geral analisar o regime insolvencial, em especial a tributação das sociedades, numa realidade cingida às sociedades com sede ou direção efetiva em território português.

O presente livro encontra-se organizado em três partes.

Na primeira parte, e após uma breve abordagem quantitativa do fenómeno, analisamos o regime jurídico das sociedades insolventes em Portugal. Iniciaremos o nosso livro, como não poderia deixar de ser, pela análise do Código da Insolvência e da Recuperação de Empresas (CIRE)

---

[10] Na verdade, julgamos que a falta de consenso existe associada ao facto de haver mudança de sujeito passivo, pois no processo de insolvência deixa de existir a entidade empresarial e passa a existir a massa insolvente.

[11] SILVA, Suzana Tavares e SANTOS, Marta Costa (2013), "Os créditos fiscais nos processos de insolvência: reflexões críticas e revisão da jurisprudência", in *https://estudogeral.sib.uc.pt/bitstream/10316/24784/1/STS_MCS%20insolvencia.pdf*.

[12] DINIS, Ana, LOPES, Cidália, SILVA, Alexandre (2015). "Tax evasion and tax fraud in the bankruptcy process: empirical evidence from Portugal". *Working Paper*, Edições Húmus & OBEGEF, Porto.

[13] DINIS, Ana, LOPES, Cidália, SILVA, Alexandre, MARCELINO, Pedro (2016). "A tributação das sociedades insolventes: evidência empírica em Portugal". *Revista Contabilidade & Finanças, Accounting & Finance Review*, v.27, n. 70, p. 43-54, jan./fev./mar./abr. 2016, São Paulo, Brasil.

e os seus conceitos gerais. Procederemos na segunda parte ao estudo do regime fiscal do processo de insolvência, no que toca a tributação em sede de IRC, IVA, IS, IMI, IMT e IUC e benefícios fiscais. Far-se-á ainda uma breve análise comparativa do tratamento fiscal do regime fiscal da insolvência no contexto internacional. Finalmente, e na terceira parte, retiram-se as principais conclusões que decorreram da análise efetuada.

PARTE I
O REGIME JURÍDICO DAS SOCIEDADES INSOLVENTES EM PORTUGAL

Capítulo I
AS SOCIEDADES INSOLVENTES: ANÁLISE QUANTITATIVA

1. Introdução
Neste capítulo pretendemos apresentar uma análise quantitativa das sociedades insolventes, com o objetivo de percebermos a dimensão que este fenómeno tem atingido mais recentemente.

Este capítulo encontra-se dividido da forma que seguidamente descrevemos.

Primeiramente faremos uma análise quantitativa das sociedades insolventes na estrutura empresarial portuguesa. Para tal, recorreremos às estatísticas sobre os processos de falência, insolvência e recuperação de empresas, publicadas regularmente em Portugal, pela Direção Geral da Política de Justiça (DGPJ).[14] De seguida analisaremos quantitativamente a insolvência num contexto internacional, recorrendo para o efeito a estudos e relatórios internacionais diversos como fonte bibliográfica.

2. As sociedades insolventes na estrutura empresarial portuguesa
O movimento processual nos tribunais judiciais de primeira instância, no segundo trimestre de cada ano, consta da figura 1.

---

[14] Página da Direção Geral da Política de Justiça in *http://www.dgpj.mj.pt/*.

Figura 1 – Processos de falência, insolvência e recuperação de empresas[15]

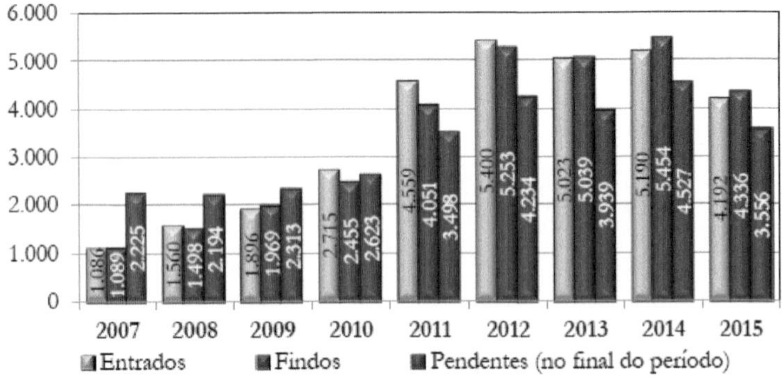

Fonte: Direção Geral da Política de Justiça (2016)

Pela análise da figura 1, a qual compara os quartos trimestres dos anos de 2007 a 2015, observa-se um aumento acentuado do número de processos de falência, insolvência e recuperação de empresas nos tribunais judiciais de 1ª instância, em Portugal. A comparação dos períodos homólogos relativos ao quarto trimestre de 2007 e de 2015 revela um aumento de cerca de 298,2% no número de processos que deram entrada. É possível, todavia, verificar-se a diminuição do número de processos se compararmos 2014 a 2015.

Nesta análise é interessante verificar também a caracterização dos processos de falência, insolvência e recuperação de empresas findos no quarto trimestre de cada ano, tendo em conta o escalão de valor, de acordo com a figura 2.

---

[15] MINISTÉRIO DA JUSTIÇA (2016), "Estatísticas trimestrais sobre processos de falência, insolvência e recuperação de empresas" (2007-2015), *Boletim de Informação Estatística Trimestral 27*, Direção Geral da Política de Justiça, in *http://www.djpj.mj.pt/sections/siej_pt/*.

Figura 2 – Escalões de valor dos processos findos[16]

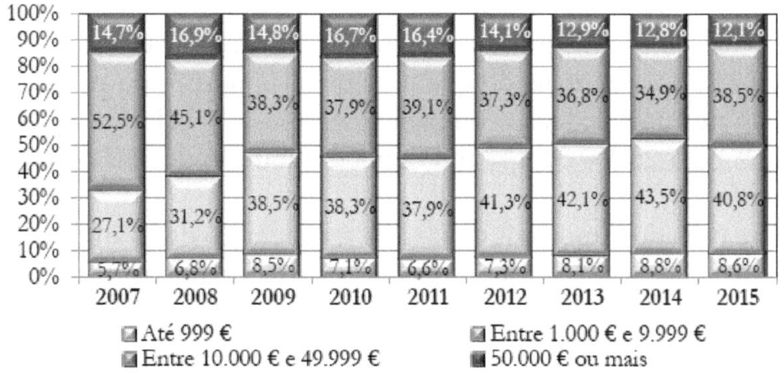

[Gráfico de barras empilhadas mostrando escalões de valor dos processos findos de 2007 a 2015]

Até 999 €   Entre 1.000 € e 9.999 €
Entre 10.000 € e 49.999 €   50.000 € ou mais

Fonte: Direção Geral da Política de Justiça (2016)

É possível observar da figura 2 uma tendência de aumento da proporção de processos cujo valor se encontra entre 1.000€ e 9.999€, com um aumento de cerca de 13,7 pontos percentuais. Os escalões, até 999€ e 50.000€ ou mais, mantiveram aproximadamente constante o seu peso no total de processos (mais 2,9 pontos percentuais e menos 2,7 pontos percentuais, respetivamente, entre o quarto trimestre de 2007 e o quarto trimestre de 2015).

Um dos itens que é possível verificar também na análise é o tipo de pessoa envolvida nas insolvências decretadas. Vejamos, então, a figura 3.

Figura 3 – Tipo de pessoa envolvida nas insolvências decretadas[17]

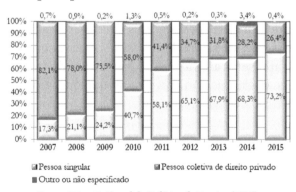

Pessoa singular   Pessoa coletiva de direito privado
Outro ou não especificado

Fonte: Direção Geral da Política de Justiça (2016)

---

[16] Idem, Ibidem.
[17] Idem, Ibidem.

Da leitura da figura 3 é possível verificar um aumento, na comparação homóloga do quarto trimestre de 2007 com o quarto trimestre de 2015, do peso das pessoas singulares no total de processos (passando de 17,3% para 73,2%, ou seja, mais do que uma quadruplicação do peso), acompanhado por uma redução comparável nas pessoas coletivas (passando de 82,1% para 26,4% e registando uma diminuição de 55,7 pontos percentuais).

Sobre os dados amostrais da taxa de recuperação de créditos nos processos de falência, insolvência e recuperação de empresas[18], observa-se a figura 4.

Figura 4 – Processos com créditos reconhecidos que apresentaram pagamentos (dados amostrais)[19]

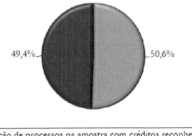

Fonte: Direção Geral da Política de Justiça (2016)

Restringindo a análise aos processos que apresentaram créditos reconhecidos, constantes da figura 4, é possível observar que a proporção de processos que apresenta algum tipo de pagamento de créditos é de 50,6%, em relação aos 49,4% que não apresentam qualquer tipo de pagamento.

---

[18] *Idem, Ibidem.*
[19] *Idem, Ibidem.*

Figura 5 – Taxa de recuperação de créditos (dados amostrais)[20]

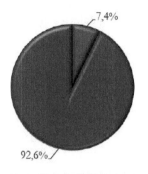

Fonte: Direção Geral da Política de Justiça (2016)

A taxa de recuperação de créditos, ou seja, a proporção do montante de créditos pagos em comparação com o montante de créditos reconhecidos, cifra-se em apenas 7,4%, como podemos analisar na figura 5. Os restantes 92,6% do montante de créditos reconhecidos pelos tribunais não foram correspondidos por um pagamento efetivo dos mesmos. Este dado é, sem dúvida alguma, revelador das consequências dos processos de insolvência na economia e na sociedade em geral.

Analisando a figura 6, podemos observar o número de ações de insolvência por setor de atividade.

---

[20] Idem, Ibidem.

Figura 6 – Processos com insolvência decretada, em função da secção da Classificação Portuguesa das Atividades Económicas (CAE) da pessoa coletiva envolvida[21]

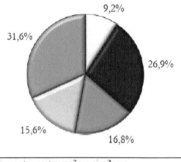

Fonte: Direção Geral da Política de Justiça (2016)

Considerando a secção da Classificação Portuguesa das Atividades Económicas (CAE), das pessoas coletivas, envolvidas nos processos do quarto trimestre de 2015, com insolvência decretada, é possível afirmar que 26,9% correspondiam à categoria de comércio por grosso, retalho e reparação de veículos e 16,8% à categoria da construção, sendo estas as categorias com o peso mais relevante.

Relativamente aos dados amostrais sobre a taxa de recuperação de créditos nos processos de falência, insolvência e recuperação de empresas, nas figuras seguintes podemos analisar o movimento dos processos especiais de revitalização nos tribunais judiciais de 1ª instância.

---

[21] *Idem, Ibidem.*

Figura 7 – Processos especiais de revitalização nos tribunais judiciais de 1ª instância[22]

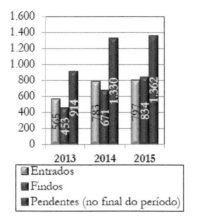

Fonte: Direção Geral da Política de Justiça (2016)

A figura 7 permite-nos verificar que, comparativamente ao quarto trimestre de 2013, os processos especiais de revitalização no quarto trimestre de 2015 aumentaram cerca de 41,1%, representando um total de 797 processos. O número total de processos findos no quarto trimestre de 2015 chegou a 834, o que corresponde a mais de 84,1%, comparativamente ao quarto trimestre de 2013. No final do quarto trimestre de 2015, encontravam-se pendentes 1.362 destes processos.

---

[22] *Idem, Ibidem.*

Figura 8 – Tipo de pessoa envolvida nos processos especiais de revitalização[23]

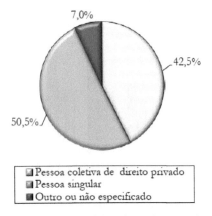

Fonte: Direção Geral da Política de Justiça (2016)

Relativamente ao tipo de pessoa envolvida nos processos especiais de revitalização podemos analisar na figura 8 que, no quarto trimestre de 2015, o peso das pessoas singulares correspondia a uma percentagem total de 50,5% dos processos, sendo o peso das pessoas coletivas de 42,5% desse total.

No relatório da EULER HERMES (2013)[24] é também possível analisar a evolução da insolvência em Portugal, como podemos observar na figura que se segue.

---

[23] *Idem, Ibidem.*
[24] EULER HERMES (2013), "Corporate insolvencies: the true nature of the eurozone crisis", FRANCE, *Economic Outlook*, nº 1194, Euler Hermes Economic Research Department, Business Insolvency Worldwide.

Figura 9 – Insolvência em Portugal

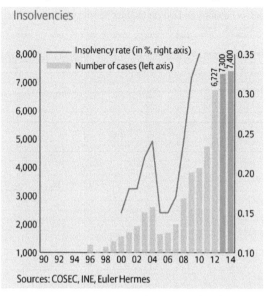

Fonte: COSEC, INE, Euler Hermes (2013)

Analisando a figura 9, e conforme se pode verificar no referido relatório, comparativamente ao ano 2012, e reflexo da recessão duradoura, esperava-se que o número de insolvências em Portugal aumentasse ainda mais em 2013, cerca de 9%, e, mais 1% em 2014, o que acabou por se verificar. Contudo, a partir de 2015, o número de insolvências acabou por diminuir, como foi possível observar anteriormente. Aliás, é esperado inclusivamente que em 2016 Portugal diminua em 9% o número de insolvências empresariais.[25] Analisamos seguidamente a insolvência no contexto internacional.

3. A insolvência no contexto internacional

Nas figuras seguintes podem observar-se as estatísticas da insolvência nos diferentes países e por índice da EULER HERMES, bem como o índice de insolvência global em 2016.

---

[25] EULER HERMES (2016), "Global insolvency index", *Outlook* 2016, Euler Hermes Economic Research Department, Business Insolvency, in http://www.eulerhermes.us/economic-research/economic-publications/Documents/Economic-Insight-Insolvencies-Keep-an-Eye-on-Domino-Effect-Apr16.pdf.

A FISCALIDADE DAS SOCIEDADES INSOLVENTES

Figura 10 – Número de insolvências – estatísticas por país e por continente

Number of insolvencies: per country and indices by Euler Hermes regions   Forecasts

	% of world GDP (**)	weight (***)	2006	2007	2008	2009	2010	2011	2012	2013	2014
Global Insolvency Index (*)	85.4	100	92	86	107	134	126	120	121	131	133
Euler Hermes regions											
Americas Index (*)	29.2	34.2	55	73	105	142	130	111	95	90	85
USA	22.5	26.4	19,695	28,322	43,546	60,837	56,282	47,806	40,075	37,410	35,290
Brazil	3.7	4.3	2,153	1,694	1,240	1,551	1,308	1,189	1,495	1,790	1,790
Canada	2.6	3.0	6,742	6,293	6,164	5,420	4,072	3,643	3,236	3,110	3,050
Chile	0.4	0.4	132	143	150	172	131	133	129	130	125
Asia-Pacific Index (*)	25.4	30.2	72	81	86	80	71	67	63	64	65
China	10.9	12.8	3,630	4,358	4,555	4,448	3,715	3,043	2,626	2,730	2,800
Japan	8.8	10.3	13,245	14,091	15,646	15,480	13,321	12,734	12,124	11,800	12,100
Australia	2.2	2.6	7,737	7,521	9,113	9,437	9,601	10,481	10,632	10,940	11,160
Korea (South)	1.7	2.0	2,529	2,294	2,735	1,998	1,570	1,359	1,228	1,240	1,210
Taiwan	0.7	0.8	622	1,044	805	341	268	256	260	275	285
Hong Kong	0.4	0.4	552	455	468	573	438	333	312	320	315
Singapore	0.4	0.5	130	106	132	135	142	113	151	153	148
New Zealand	0.2	0.3	3,419	3,233	2,105	3,049	2,886	2,537	2,345	2,300	2,250
France Index (*)	4.1	4.8	115	122	135	155	148	148	151	154	152
France	4.1	4.8	46,375	49,132	54,730	62,709	60,018	59,839	60,958	62,200	61,500
Germany-Austria-Switzerland Index (*)	6.9	8.1	121	106	105	116	115	109	104	105	103
Germany	5.3	6.2	34,137	29,160	29,291	32,687	31,998	30,099	28,297	28,700	28,100
Switzerland	0.9	1.1	4,528	4,314	3,892	4,067	4,658	4,697	4,513	4,420	4,250
Austria	0.6	0.7	6,707	6,295	6,315	6,902	6,376	5,869	6,041	6,280	6,300
Mediterranean & African countries Index (*)	6.9	8.1	91	80	165	268	266	310	393	520	582
Italy	3.3	3.8	10,272	6,126	7,272	9,314	10,971	12,197	12,442	13,300	13,300
Spain	2.2	2.6	916	1,033	2,894	5,175	4,990	5,910	7,799	10,900	12,500
South Africa	0.6	0.7	1,680	2,314	4,763	6,078	4,020	3,536	2,928	2,800	2,700
Portugal	0.4	0.4	1,690	2,001	2,907	3,815	3,977	4,746	6,727	7,300	7,400
Greece	0.4	0.5	542	510	563	650	810	1,077	1,400	1,540	1,590
Northern Europe Index (*)	13.0	15.3	190	103	112	149	145	141	148	151	146
UK	3.6	4.2	25,130	23,653	30,170	36,196	30,833	32,718	29,940	27,700	26,000
Russia	2.8	3.2	76,447	19,238	13,916	15,473	16,009	12,794	14,072	14,400	14,000
Netherlands	1.2	1.5	5,941	4,602	4,635	8,040	7,211	7,140	8,616	9,220	9,110
Poland	0.8	0.9	648	480	430	673	691	730	941	1,035	1,055
Belgium	0.8	0.9	7,617	7,677	8,472	9,421	9,579	10,224	10,587	11,800	12,000
Sweden	0.8	0.9	6,160	5,792	6,298	7,638	7,274	6,958	7,471	8,220	8,470
Norway	0.7	0.8	3,032	2,845	3,637	5,013	4,435	4,355	3,814	3,710	3,480
Denmark	0.5	0.6	1,987	2,401	3,709	5,710	6,461	5,468	5,456	5,600	5,450
Finland	0.4	0.5	2,587	2,560	2,916	3,803	3,400	3,446	3,471	3,570	3,500
Ireland	0.3	0.4	354	363	773	1,406	1,525	1,638	1,684	1,630	1,500
Czech Republic	0.3	0.4	1,278	1,148	1,110	1,530	1,713	2,571	3,764	4,140	4,550
Romania	0.3	0.3	na	14,104	14,483	18,421	21,692	22,650	29,769	29,000	25,000
Hungary	0.2	0.2	9,447	9,723	11,804	14,636	17,700	19,884	22,389	23,300	22,300
Slovakia	0.1	0.2	1,723	800	582	784	887	990	1,050	1,100	1,140
Luxembourg	0.1	0.1	621	659	595	697	926	973	1,053	1,050	1,000
Lithuania	0.1	0.1	759	606	957	1,844	1,637	1,273	1,339	1,400	1,330
Latvia	0.0	0.0	872	1,010	1,291	2,149	2,574	879	881	930	900
Estonia	0.0	0.0	352	202	423	1,055	1,029	623	506	510	490

(*) Indeces basis 100: 2000
(**) GDP 2011 weighing at current exchange rates
(***) share of Global Insolvency Index
Sources: National figures, Euler Hermes forecasts

Fonte: Euler Hermes (2013)

Figura 11 – Índice de insolvência global em 2016 (em percentagem)[26]

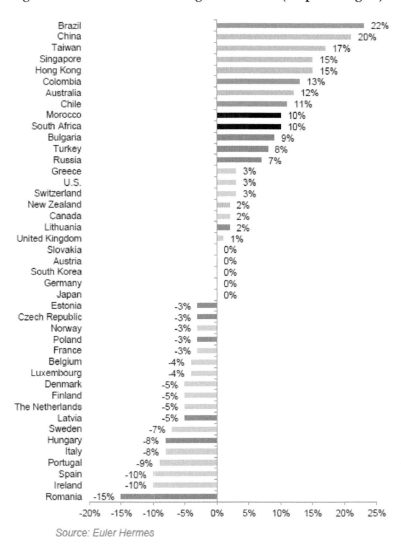

Fonte: Euler Hermes (2016)

Da análise das figuras 10 e 11 é possível verificar que, apesar da regressão no número de insolvências, em 2012, que veio confirmar a recuperação do tecido empresarial (1%), podemos observar duas tendências

[26] Idem, Ibidem.

principais e contrastantes. Se é verdade que em 2012 o número de insolvências caiu mais do que o esperado no continente americano (15%) e no asiático (5%), não é menos verdade que se assistiu a um aumento mais significativo do que o previsto no continente europeu.

Contudo, prevê-se que as insolvências empresariais irão diminuir rapidamente em Espanha (-10% em comparação com 2015), Irlanda (-10%) e em Itália (-8%). No caso particular do Reino Unido é esperado que o número de insolvências empresariais sofra um incremento de 1%. No Brasil e na China é possível observar-se as situações mais graves, onde é esperada, respetivamente, uma subida de 22% e 20% no número de insolvências. Também após 6 anos consecutivos de declínio constante, está previsto um aumento de 3% nos EUA.

Apesar de existir uma inversão de tendência, segundo o relatório da EULER HERMES, a economia global vai deteriorar-se ainda mais em 2017. Como se esperava, as insolvências subiram 2% em todo o mundo. Associado ao fraco crescimento, ao aumento da turbulência no setor das matérias-primas, e ao efeito dominó das insolvências, o ano de 2016 foi o ano de grande aumento de insolvências, desde o pico da crise financeira global em 2009.

4. Notas conclusivas

Após a análise quantitativa do peso de insolvências no contexto nacional e internacional, podemos, em síntese, observar que existe um forte aumento do número de insolvências, associado ao facto de as entidades se apresentarem impossibilitadas de solver os compromissos assumidos, com situações económico-financeiras inábeis e incapazes de pagar as suas dívidas. É uma realidade que vai além de Portugal e que é transversal no mundo, como os dados quantitativos aqui evidenciaram.

No próximo capítulo será abordado o regime jurídico das sociedades insolventes em Portugal. A relevância desta nossa abordagem jurídica prende-se com o facto de podermos observar a distinção entre os vários conceitos jurídicos envolvidos no processo de insolvência, por forma a melhor enquadrarmos a temática da insolvência, e analisarmos, de forma clara, seguidamente, o regime fiscal de insolvência em Portugal, com todas as implicações jurídicas e fiscais que o mesmo envolve.

Capítulo II
O REGIME JURÍDICO DAS SOCIEDADES INSOLVENTES EM PORTUGAL: BREVES CONCEITOS TEÓRICOS

1. Introdução

Neste capítulo pretende-se analisar o regime jurídico das sociedades insolventes. Em primeiro lugar, discutiremos alguns conceitos teóricos subjacentes ao regime jurídico das sociedades insolventes, fundamentais para a compreensão da temática da insolvência. Em segundo lugar, analisaremos o regime jurídico das sociedades insolventes em Portugal, nomeadamente no que toca à evolução histórica da regulamentação insolvencial, à análise sumária do processo de insolvência e à comparação simples entre os diversos regimes jurídicos existentes em Portugal.

2. A insolvência: apresentação e análise de alguns conceitos teóricos

2.1. Conceitos de insolvência, dissolução, liquidação e extinção

Nos termos do Código da Insolvência e da Recuperação de Empresas (CIRE),[27]uma empresa encontra-se em situação de insolvência quando está incapaz de cumprir algumas das suas obrigações vencidas ou se o seu ativo é insuficiente para satisfazer o passivo exigível.

---

[27] Aprovado pelo DL nº 53/2004, de 18 de Março e atualizado até ao Decreto-Lei nº 26/2015, de 06 de fevereiro.

Assim, da leitura do artº 2º e 3º do CIRE, constam dois pressupostos para o pedido de declaração de insolvência.

Um pressuposto objetivo – a existência de uma situação de insolvência atual ou iminente, previsto no artº 3º do CIRE[28] e um pressuposto subjetivo – ser um dos sujeitos passivos previstos no artigo 2º do CIRE[29].

Segundo FERNANDES e LABAREDA (2015) a insolvência iminente caracteriza-se pela ocorrência de factos que, não tendo ainda conduzido a esse incumprimento que determina a situação de insolvência atual, com grande probabilidade a vão determinar a curto prazo, exatamente pela insuficiência do ativo líquido e disponível para satisfazer o passivo exigível.[30]

---

[28] Artigo 3º, CIRE – Situação de insolvência – 1 – É considerado em situação de insolvência o devedor que se encontre impossibilitado de cumprir as suas obrigações vencidas. 2 – As pessoas coletivas e os patrimónios autónomos por cujas dívidas nenhuma pessoa singular responda pessoal e ilimitadamente, por forma direta ou indireta, são também considerados insolventes quando o seu passivo seja manifestamente superior ao ativo, avaliados segundo as normas contabilísticas aplicáveis. 3 – Cessa o disposto no número anterior, quando o ativo seja superior ao passivo, avaliados em conformidade com as seguintes regras: a) Consideram-se no ativo e no passivo os elementos identificáveis, mesmo que não constantes do balanço, pelo seu justo valor; b) Quando o devedor seja titular de uma empresa, a valorização baseia-se numa perspetiva de continuidade ou de liquidação, consoante o que se afigure mais provável, mas em qualquer caso com exclusão da rubrica de trespasse; c) Não se incluem no passivo dívidas que apenas hajam de ser pagas à custa de fundos distribuíveis ou do ativo restante depois de satisfeitos ou acautelados os direitos dos demais credores do devedor. 4 – Equipara-se à situação de insolvência atual a que seja meramente iminente, no caso de apresentação pelo devedor à insolvência.

[29] Artigo 2º, CIRE- Sujeitos passivos da declaração de insolvência – "1 – Podem ser objeto de processo de insolvência: a) Quaisquer pessoas singulares ou coletivas; b) A herança jacente; c) As associações sem personalidade jurídica e as comissões especiais; d) As sociedades civis; e) As sociedades comerciais e as sociedades civis sob a forma comercial até à data do registo definitivo do contrato pelo qual se constituem; f) As cooperativas, antes do registo da sua constituição; g) O estabelecimento individual de responsabilidade limitada; h) Quaisquer outros patrimónios autónomos. 2 – Excetuam-se do disposto no número anterior: a) As pessoas coletivas públicas e as entidades públicas empresariais; b) As empresas de seguros, as instituições de crédito, as sociedades financeiras, as empresas de investimento que prestem serviços que impliquem a detenção de fundos ou de valores mobiliários de terceiros e os organismos de investimento coletivo, na medida em que a sujeição a processo de insolvência seja incompatível com os regimes especiais previstos para tais entidades".

[30] FERNANDES, LUÍS A. CARVALHO e LABAREDA, JOÃO (2015), *Código da Insolvência e de Recuperação de Empresas Anotado*, 3ª edição, Lisboa, Quid Juris, pp. 87.

Para MENEZES LEITÃO (2012), a "insolvência" não se confunde com a "falência", tal como atualmente entendida.[31] Curiosamente, conforme descreve o autor, e se atendermos à origem etimológica das palavras, clarificam-se as diferenças entre conceitos de "insolvência" e de "falência".

Figura 12 – Origem etimológica das palavras falência e insolvência

Palavra	Origem	Verbo	Significado
Falência	*Fall*	*fallere*	A fingir, induzir em erro, ou falsidade nas promessas.
Insolvência	*Solvo*	*in solvere*	Inverso da solvência, *não poder* pagar, não resolver, ou não poder cumprir as suas obrigações.

Observamos da tabela acima que, a noção de "insolvência" fundamentalmente assenta num significado de impossibilidade de cumprir obrigações vencidas, e que não implica necessariamente a inviabilidade económica da empresa ou a irrecuperabilidade financeira, postuladas pela noção de "falência".

A insolvência, enquadrada num processo de execução, tem por finalidade a satisfação dos credores, que pode ser conseguida através de um plano de insolvência, baseado na recuperação da empresa ou, quando tal não é possível, na liquidação do património do devedor insolvente, com a consequente repartição do produto obtido pelos credores, nos termos do artº 1º do CIRE.[32]

---

[31] MENEZES LEITÃO, L.M.T. (2012), 4ª edição, *Direito da Insolvência*, Coimbra, Almedina, pp. 15.
[32] O CIRE define a finalidade do processo de insolvência: Artigo 1º, CIRE – Finalidade do processo de insolvência – 1 – O processo de insolvência é um processo de execução universal que tem como finalidade a satisfação dos credores pela forma prevista num plano de insolvência, baseado, nomeadamente, na recuperação da empresa compreendida na massa insolvente, ou, quando tal não se afigure possível, na liquidação do património do devedor insolvente e a repartição do produto obtido pelos credores. 2 – Estando em situação económica difícil, ou em situação de insolvência meramente iminente, o devedor pode requerer ao tribunal a instauração de processo especial de revitalização, de acordo com o previsto nos artigos 17º-A a 17º-I do CIRE.

A noção de insolvência não deve, todavia, ser confundida com as noções de dissolução e liquidação, ainda que todas nos possam encaminhar para a extinção de uma sociedade. Importa por isso definir mais especificamente cada um destes conceitos.

Nos termos do Código das Sociedades Comerciais (CSC)[33], a dissolução de uma sociedade é uma modificação da situação jurídica que se caracteriza pela sua entrada em liquidação. Com a dissolução a sociedade termina a persecução do objeto social e entra imediatamente em liquidação, aplicando-se ainda nos casos de insolvência o disposto nas respetivas leis de processo.[34]

Segundo CABRITA (2004)[35], a dissolução das sociedades é um processo que se prolonga no tempo e que pode ser separado em três fases, como a seguir descrevemos.

Em primeiro lugar, a fase da dissolução propriamente dita. Em segundo lugar, a fase da liquidação. Em terceiro e último lugar, a fase de partilha.

Uma empresa que se dissolve inicia um processo de liquidação, o qual será conducente à extinção da empresa. A dissolução é, por isso, uma fase necessária e prévia à liquidação, pelo que a partir do ato de dissolução, a empresa entra na fase em que se desenvolve o respetivo processo de liquidação.

---

[33] Aprovado pelo Decreto-Lei 262/86, de 2 de setembro, republicado pelo Decreto-Lei 76-A/2006, de 29 de março e atualizado até à Lei nº 148/2015.

[34] Nos termos do artº 146º do CSC, o qual define as regras gerais da liquidação: "1 – Salvo quando a lei disponha de forma diversa, a sociedade dissolvida entra imediatamente em liquidação, nos termos dos artigos seguintes do presente capítulo, aplicando-se ainda, nos casos de insolvência e nos casos expressamente previstos na lei de liquidação judicial, o disposto nas respetivas leis de processo. 2 – A sociedade em liquidação mantém a personalidade jurídica e, salvo quando outra coisa resulte das disposições subsequentes ou da modalidade da liquidação, continuam a ser-lhe aplicáveis, com as necessárias adaptações, as disposições que regem as sociedades não dissolvidas. 3 – A partir da dissolução, à firma da sociedade deve ser aditada a menção «sociedade em liquidação» ou «em liquidação». 4 – O contrato de sociedade pode estipular que a liquidação seja feita por via administrativa, podendo igualmente os sócios deliberar nesse sentido com a maioria que seja exigida para a alteração do contrato. 5 – O contrato de sociedade e as deliberações dos sócios podem regulamentar a liquidação em tudo quanto não estiver disposto nos artigos seguintes. 6 – Nos casos em que tenha ocorrido dissolução administrativa promovida por via oficiosa, a liquidação é igualmente promovida oficiosamente pelo serviço de registo competente".

[35] CABRITA, Pedro (2004), "Dissolução de Sociedades", Lisboa, *Verlag Dashöfer*, pp. 2-3.

Segundo o artº 141º do CSC, a sociedade dissolve-se imediatamente nos casos previstos no contrato e, ainda, pelo decurso do prazo fixado no contrato, por deliberação dos sócios, pela realização completa do objeto contratual, pela ilicitude superveniente do objeto contratual e pela declaração de insolvência da sociedade.

Importa distinguir que se à data da dissolução a sociedade não tiver dívidas, podem os sócios proceder imediatamente à partilha dos haveres sociais, nos termos do artº 156º do CSC[36], situação que é irrealizável em caso de insolvência, por definição.

As operações ligadas à liquidação têm a sua origem na decisão que teve por objetivo pôr fim à atividade da empresa – a decisão de dissolução. A partir desse momento, inicia-se um período – o período de liquidação – durante o qual se pretende realizar os bens e direitos que integram o ativo (se os houver), que consiste em converter em disponibilidades, os saldos das diversas contas do ativo, com o objetivo de pagar o passivo. Com estas operações devem satisfazer-se as responsabilidades passivas pendentes. No final do período de liquidação poderá restar o valor remanescente líquido, o qual será distribuído pelos sócios da sociedade.

Com a publicação do Decreto-Lei 76-A/2006, de 29 de março, foi aprovado o Regime Jurídico dos Procedimentos Administrativos de Dissolução e Liquidação de Entidades Comerciais (RJPADLEC).[37] É muito importante reconhecer que este regime nada tem a ver com o processo de insolvência, conforme decorre da aplicação do CIRE. O RJPADLEC define inclusivamente no seu artº 3º que se, durante a tramitação dos

---

[36] Artigo 156º, CSC – Partilha do ativo restante – "1 – O ativo restante, depois de satisfeitos ou acautelados, nos termos do artigo 154º, os direitos dos credores da sociedade, pode ser partilhado em espécie, se assim estiver previsto no contrato ou se os sócios unanimemente o deliberarem. 2 – O ativo restante é destinado em primeiro lugar ao reembolso do montante das entradas efetivamente realizadas; esse montante é a fração de capital correspondente a cada sócio, sem prejuízo do que dispuser o contrato para o caso de os bens com que o sócio realizou a entrada terem valor superior àquela fração nominal. 3 – Se não puder ser feito o reembolso integral, o ativo existente é distribuído pelos sócios, por forma que a diferença para menos recaia em cada um deles na proporção da parte que lhe competir nas perdas da sociedade; para esse efeito, haverá que ter em conta a parte das entradas devida pelos sócios. 4 – Se depois de feito o reembolso integral se registar saldo, este deve ser repartido na proporção aplicável à distribuição de lucros. 5 – Os liquidatários podem excluir da partilha as importâncias estimadas para encargos da liquidação até à extinção da sociedade".

[37] Alterado pelo Decreto-Lei nº 318/2007, de 26 de Setembro e pelo Decreto-Lei nº 250/2012, de 23 de novembro.

procedimentos administrativos de dissolução e de liquidação de entidades comerciais, for pedida a declaração de insolvência da entidade comercial, os atos praticados ao abrigo dos procedimentos ficam sem efeito, seguindo o processo de insolvência os termos previstos no CIRE.[38]

As normas da liquidação da sociedade constantes do RJPADLEC destinam-se a regular a partilha do património societário da sociedade dissolvida, sendo a liquidação feita no interesse dos sócios. Pelo que toca às normas do CIRE, estas tratam da liquidação dos ativos insolventes e regulam a venda dos bens apreendidos para a massa insolvente, em favor dos credores da sociedade declarada insolvente. Aliás, essa distinção é também feita no estudo da DGPJ, ao evidenciar que há inúmeras situações de empresas em processo de insolvência, a onerar desnecessariamente o Estado, uma vez que se trata de um processo bastante dispendioso, em condições de serem dissolvidas por via administrativa que, por não terem património, deveriam ser dissolvidas à luz do RJPADLEC e não do CIRE. O estudo refere inclusivamente que tem sido notada uma tendência para a utilização indevida do processo de insolvência por parte de credores que pretendem, por esta via, obter o pagamento mais célere dos créditos que detêm sobre a empresa em dificuldades económicas, mas ainda não insolvente, evitando assim o recurso à ação executiva e aproveitando o impacto que uma eventual declaração de insolvência pode ter na imagem comercial da empresa.[39]

De referir que o estudo evidencia que, tendo o processo de insolvência o objetivo de satisfação dos credores, em qualquer circunstância, os cre-

---

[38] O RJPADLEC enuncia nos seus artigos 4º e 5º, as condições de início do procedimento administrativo de dissolução quer voluntário, quer oficioso: Artigo 4º, RJPADLEC – Início voluntário do procedimento – 1 – As entidades comerciais, os membros de entidades comerciais, os respetivos sucessores, os credores das entidades comerciais e os credores de sócios e cooperadores de responsabilidade ilimitada podem iniciar o procedimento administrativo de dissolução mediante a apresentação de requerimento no serviço de registo competente quando a lei o permita (...)
Artigo 5º, RJPADLEC – Início oficioso do procedimento – O procedimento administrativo de dissolução é instaurado oficiosamente pelo conservador, mediante auto que especifique as circunstâncias que determinaram a instauração do procedimento e que identifique a entidade e a causa de dissolução, quando resulte da lei (...).

[39] MINISTÉRIO DA JUSTIÇA (2010), "Regime Jurídico da Insolvência e Recuperação de Empresas – Estudo de avaliação sucessiva", Direção Geral da Política de Justiça, in *http://www.dgpj.mj.pt/ sections/politica-legislativa/anexos-pendencias/sections/politica-legislativa/anexos-pendencias/anexo-iv-estudo-dezembro/downloadFile/file/AnexoIV_Relatorio_Insolvencias.pdf* .

dores das referidas sociedades nunca serão pagos pelos créditos que disponham perante as sociedades que se encontrem em tais circunstâncias, uma vez que não há património que possa ser alienado para satisfazer tais direitos de crédito. [40]

É importante sublinhar que, nos termos do art° 160° do CSC, a sociedade considera-se extinta, pelo registo exclusivo do encerramento da liquidação, e que, nesse sentido, a personalidade jurídica da sociedade conserva-se até ao registo do encerramento da liquidação. Para terminar, podemos ainda definir que, em síntese, a liquidação é um processo que vai culminar com a extinção da empresa dissolvida.

2.2. A massa insolvente e a sua liquidação

O conceito de massa insolvente é definido no art° 46° do CIRE, e destina-se à satisfação dos credores da insolvência, depois de pagas as suas próprias dívidas, e, salvo disposição em contrário, abrange todo o património do devedor à data da declaração de insolvência, bem como os bens e direitos que ele adquira na pendência do processo.

Na sentença que declarar a insolvência, e nos termos do art° 36° do CIRE, o juiz decreta a apreensão, para imediata entrega ao administrador da insolvência, dos elementos da contabilidade do devedor e de todos os seus bens, ainda que arrestados, penhorados ou por qualquer forma apreendidos ou detidos.

A assembleia de credores delibera sobre o encerramento ou manutenção em atividade do estabelecimento ou estabelecimentos compreendidos na massa insolvente, nos termos definidos no art° 156° do CIRE. Pelo que, se a assembleia atribuir ao administrador da insolvência o encargo de elaborar um plano de insolvência pode determinar a suspensão da liquidação e partilha da massa insolvente. A suspensão da liquidação não obsta, contudo, à venda dos bens da massa insolvente, nomeadamente os que não possam ou não se devam conservar por estarem sujeitos a deterioração ou depreciação, ao abrigo do disposto no n° 2 do artigo 158° do mesmo diploma.

---

[40] Ministério da Justiça (2010), "Regime Jurídico da Insolvência e Recuperação de Empresas – Estudo de avaliação sucessiva", Direção Geral da Política de Justiça, in *http://www.dgpj.mj.pt/ sections/politica-legislativa/anexos-pendencias/sections/politica-legislativa/anexos-pendencias/anexo-iv-estudo-dezembro/downloadFile/file/AnexoIV_Relatorio_Insolvencias.pdf* .

Antes de proceder ao pagamento dos créditos sobre a insolvência, e conforme determina o art.º 172º do CIRE, o administrador da insolvência deduz da massa insolvente os bens ou direitos necessários à satisfação das dívidas desta, incluindo as que previsivelmente se constituirão até ao encerramento do processo.

São dívidas da massa insolvente, nos termos do art.º 51º do CIRE, as custas do processo de insolvência, as remunerações do administrador da insolvência e as despesas deste e dos membros da comissão de credores, as dívidas emergentes dos atos de administração, liquidação e partilha da massa insolvente, as dívidas resultantes da atuação do administrador da insolvência no exercício das suas funções, entre outras resultantes de contrato.

A determinação do âmbito dos rendimentos é uma parte crucial do processo, como sublinham FERNANDES e LABAREDA (2015), uma vez que estando estes afetos à satisfação prioritária das dívidas da massa, não podem ser utilizados para pagamento aos credores da insolvência, antes da respetiva liquidação integral, devendo ser usados para esse fim apenas no rateio final, a não ser que de forma manifesta e comprovada excedam o necessário para honrar as dívidas da massa insolvente.[41] Mas, como é sabido, a maioria das vezes, e atendendo ao âmbito das dívidas da massa, os rendimentos não são suficientes para honrar os compromissos prioritários da massa insolvente.

Por um lado, a consequência disso é que todas as dívidas de funcionamento da empresa nascidas no período posterior à declaração de insolvência – dívidas laborais, fiscais, bancárias, de fornecimento, entre outras – por serem consideradas dívidas da massa insolvente, são pagas prioritariamente à satisfação dos credores da insolvência e, sendo muitas vezes a exploração deficitária, na liquidação da massa insolvente, aos credores da insolvência resta apenas aberta a opção pelo encerramento da empresa.[42]

Por outro lado, e concluindo o juiz que o património do devedor não é presumivelmente suficiente para a satisfação das custas do processo e das dívidas previsíveis da massa insolvente e não estando essa satisfação por outra forma garantida, e de acordo com o preceituado no art.º 39º do

---

[41] "Caberá ao juiz fazer essa fiscalização", in FERNANDES, LUÍS A. CARVALHO e LABAREDA, João (2015), *Código da Insolvência e de Recuperação de Empresas Anotado*, 3ª edição, Lisboa, Quid Juris, pp. 644.

[42] *Idem, Ibidem*, pp. 309.

O REGIME JURÍDICO DAS SOCIEDADES INSOLVENTES EM PORTUGAL: CONCEITOS TEÓRICOS

CIRE, o processo de insolvência é declarado findo logo que a sentença transite em julgado.[43]

Com a declaração de insolvência, extinguem-se os privilégios creditórios e as garantias reais, nos termos do artº 97º do CIRE[44].

A propósito desta extinção, FERNANDES e LABAREDA (2015)[45] referem que o antecedente daquele artigo, na sua versão original era o artº 152º do CPEREF, que introduziu uma grande alteração no regime falimentar, na medida em que anteriormente à sua entrada em vigor se revelava altamente negativa a influência dos créditos privilegiados. Para os autores, estava em causa não só o grande número de credores privilegiados a concorrer a tais processos como, na grande maioria dos casos, o grande volume dos créditos que estes representavam. Ainda que o regime agora instituído recupere a subsistência de privilégios nascidos antes da instauração do processo de insolvência, atendendo ao tempo em que se constituíram, não se abandona, segundo FERNANDES e LABAREDA (2015)[46], o facto de se estender ao Estado e a outras entidades os deveres de solidariedade económica e social que se exigem, da generalidade dos credores, na recuperação das empresas em situação económico-financeira difícil, a que se chama "dar exemplo de participação no sacrifício comum".

Além da sentença de declaração da insolvência, o CIRE estabelece no seu artigo 17º-A[47], um processo especial de revitalização (PER)[48] que se trata de um processo que consubstancia uma tentativa de recuperação da empresa, ainda sem o peso da sentença declaratória da insolvência, mas

---

[43] Sem prejuízo da tramitação até final do incidente limitado de qualificação da insolvência, nos termos do referido artigo.

[44] Artº 97º, CIRE – Extinção de privilégios creditórios e garantias reais: "Extinguem-se, com a declaração de insolvência: a) Os privilégios creditórios gerais que forem acessórios de créditos sobre a insolvência de que forem titulares o Estado, as autarquias locais e as instituições de segurança social constituídos mais de 12 meses antes da data do início do processo de insolvência (...)".

[45] FERNANDES, LUÍS A. CARVALHO e LABAREDA, JOÃO (2015), *Código da Insolvência e de Recuperação de Empresas Anotado*, 3ª edição, Lisboa, Quid Juris, pp. 447-451.

[46] *Idem, Ibidem.*

[47] Artigo aditado pela Lei nº 16/2012, de 20 de abril

[48] "O processo especial de revitalização destina-se a permitir ao devedor que, comprovadamente, se encontre em situação económica difícil ou em situação de insolvência meramente iminente, mas que ainda seja suscetível de recuperação, estabelecer negociações com os respetivos credores de modo a concluir com estes acordo conducente à sua revitalização" (...).

cuja natureza não é de todo distinta da de outro plano que se destine a prover à recuperação da entidade em causa.

Resumindo, no que toca às sociedades e no processo de insolvência propriamente dito, é possível de acontecer uma das situações que de seguida se descrevem.

Em primeiro lugar, existindo insuficiência da massa insolvente ou havendo o pagamento das dívidas aos credores, o processo de insolvência é encerrado. Em segundo lugar, a assembleia de credores pode deliberar a manutenção da atividade do estabelecimento. Finalmente, a assembleia de credores pode ainda deliberar o encerramento do estabelecimento.

No primeiro caso, encerrando-se o processo de insolvência, a empresa pode continuar a sua atividade normalmente. No segundo caso, e acordado um plano de insolvência, a atividade da empresa também pode continuar normalmente. No terceiro e último caso, a empresa entra em processo de liquidação.

3. O regime jurídico das sociedades insolventes em Portugal: breves considerações acerca do CIRE

A realidade insolvencial não é nova. Sempre existiram negócios que correram mal e o Estado, no exercício do seu poder, tem-se visto obrigado a regulamentar esta problemática, com o objetivo primário de salvaguardar os direitos dos credores. Esta preocupação de regulamentação é, por isso, e desde há muito tempo, imposta, pelo que é importante contextualizar a evolução do direito da insolvência.

Segundo MENEZES LEITÃO (2012) já no Direito Romano, na sua fase mais primitiva (Direito Quiritário), admitia-se *addicere*, isto é, a adjudicação do devedor insolvente, que permanecia em estado de servidão para com os credores durante sessenta dias. Se não solvido o débito neste período o devedor poderia ser vendido ou morto.[49] A cobrança do débito dava-se diretamente na pessoa do devedor, levando-o a ser única garantia de todos os credores. Neste período, caso houvesse um concurso de credores, ou seja, mais de um credor, o devedor poderia ser morto e o seu corpo esquartejado e dividido entre os credores, como satisfação proporcional aos seus créditos. Com o decorrer do tempo foram desenvolvidas

---

[49] Nesta fase seguimos de muito perto MENEZES LEITÃO, L.M.T. (2012), 4ª edição, *Direito da Insolvência*, Coimbra, Almedina, pp. 23-77.

outras formas de cobrança e penalização dos devedores ainda no Direito Romano. São delas exemplo, a execução patrimonial através da lei *Lex Poetelia Papira* que veio abolir o critério de responsabilidade pessoal, proibindo a venda como escravo ou a morte do devedor para satisfação dos seus créditos.

Na Idade Média, a falência era vista como delito, acusando o falido de infâmia ou seja *Falliti Sunt Fraudatores*.[50] Foi nesta época que apareceu a ideia de que o crédito comercial é de interesse geral e não apenas do credor e do devedor, pelo que a tutela estatal passou a assumir especial relevo, já que a atuação dos credores estava condicionada à disciplina judiciária. Os concursos creditórios eram rigidamente disciplinados, atribuindo ao Juiz a função de zelar pelos bens do devedor guardando-os para o momento certo serem vendidos e o valor era partilhado entre os credores. Neste momento, na Idade Média, presenciou-se a falência no sentido individual.

Na Era Napoleónica, o Código Napoleónico ou seja o Código Comercial Francês (1897), e que teve preponderante influência do instituto falimentar, impôs graves restrições ao falido, ocorrendo, então, a distinção entre devedores honestos e desonestos.

Em Portugal, Menezes Leitão (2012) descreve que a evolução do regime da insolvência se apresenta como extremamente diversificada e da qual é possível identificar três fases.

A primeira fase – sistema de falência-liquidação, que vai desde os primórdios até ao Código do Processo Civil de 1961. Nesta fase, o objetivo da falência é a satisfação dos interesses dos credores. Em 1833, o Código Comercial definia falência como a inabilidade para satisfazer pagamentos, e, em 1898, enunciava que se presume em estado de quebra, que deve ser judicialmente declarada, o comerciante que cessa os pagamentos das suas obrigações comerciais. O Código de Falências de 1899 e o Código do Processo Comercial de 1905 apontavam como pressuposto da declaração de falência a insolvabilidade do comerciante. Em 1935, foi publicado o novo Código de Falências.

A segunda fase – sistema de falência-saneamento, vai desde o Código do Processo Civil de 1961 até ao Código da Insolvência e da Recuperação de Empresas (CIRE) de 2004. A reforma mais importante ocorreu

---

[50] "Os falidos são fraudadores, enganadores".

através do Decreto-Lei nº 132/93 de 23 de Abril, que aprovou o Código dos Processos Especiais de Recuperação da Empresa e de Falência (CPEREF). A principal inovação do CPEREF foi a abolição da distinção entre falência e insolvência. Nesta fase, o objetivo do processo divide-se em dois: liquidação e recuperação, dando prevalência a este último. O CPEREF, assente mais na ideia da reabilitação patrimonial das empresas insolventes, mostrou-se, no entanto incapaz de resolver o problema da insolvência, foi revogado pelo CIRE.

Por último, a terceira fase – retorno ao Sistema de falência-liquidação. Iniciou-se com o CIRE de 2004, aprovado pelo Decreto-Lei nº 53/2004, de 18 de Março, até à atualidade. Apesar de o CIRE ter revogado o CPEREF, este continuou a aplicar-se aos processos de recuperação da empresa e de falência pendentes à data de entrada em vigor do CIRE.[51]

O processo de insolvência passou a ter como fim principal a satisfação dos credores, sendo a recuperação da empresa um mero instrumento.

Numa época de profunda crise económica e financeira, a introdução do sistema de falência-liquidação levou a um aumento extraordinário de insolvências em Portugal. Com a Lei nº 16/2012, de 20 de abril, procedeu-se à 6ª alteração do CIRE, o que faz pressupor o retorno a uma fase de falência-saneamento.[52]

O processo de insolvência apresenta-se na seguinte análise sumária da tramitação do processo[53]: impulso processual e apreciação liminar e eventual adoção de medidas cautelares[54]; sentença de declaração de insolvência e eventual impugnação[55]; apreensão dos bens[56]; reclamação de créditos, restituição e separação de bens[57]; assembleia de credores e apreciação do relatório[58]; liquidação da massa insolvente[59]; sentença de

---

[51] Nos termos do Artigo 12º – Regime transitório – do Decreto – Lei nº 53/2004, de 18 de março.

[52] Apesar destas alterações ao CIRE, estas serviram para atenuar a forma radical com que o diploma inicial se guiava pelo sistema de falência-liquidação, mas as alterações foram mais de forma do que conteúdo, in MENEZES LEITÃO, L.M.T. (2012), 4ª edição, *Direito da Insolvência*, Coimbra, Almedina, pp. 76.

[53] Cfr. diploma preambular do Decreto – Lei nº 53/2004 de 18 de março.

[54] Nos termos do artº 18º e ss., CIRE.

[55] Nos termos do artº 36º, CIRE.

[56] Nos termos do artº 149º, CIRE.

[57] Nos termos do artº 128º e ss., CIRE.

[58] Nos termos do artº 72º e ss., CIRE.

[59] Nos termos do artº 158º, CIRE.

verificação e graduação de créditos; pagamento aos credores[60]; incidente de qualificação da insolvência[61]; encerramento do processo[62].

A estrutura delineada pode apresentar alguns desvios, em caso de encerramento por insuficiência da massa insolvente, manutenção da administração da empresa pelo devedor, apresentação de plano de pagamento aos credores, e havendo lugar ao período de cessão, para efeitos de exoneração do passivo restante, após o encerramento do processo de insolvência.

Serra (2004)[63] refere que o processo de insolvência português é muito semelhante ao *Insolvenzverfahren* – direito das falências alemão[64], e o seu objetivo é, tanto quanto possível, a satisfação equitativa dos credores.[65] O processo de insolvência (chamado *Regelinsolvenzverfahren*) pode, segundo as regras legais, ser realizado por meio da administração, liquidação e distribuição da massa falida. A fase de liquidação da massa insolvente compreende a venda de todos os bens apreendidos pelo administrador da insolvência.[66] Os intervenientes no processo podem também, num plano de falência, acordar em outras disposições, sobretudo com vista à manutenção da empresa.[67]

Cabe, todavia, à assembleia de credores deliberar sobre o encerramento ou a manutenção em atividade do estabelecimento ou estabelecimentos compreendidos na massa insolvente.[68]

Relativamente à aplicação do CIRE, ao longo do tempo, é possível verificar-se[69] que a recuperação de empresas insolventes não logrou afir-

---

[60] Nos termos do art⁰ 173⁰ e ss., CIRE.

[61] Nos termos do art⁰ 185⁰ e ss., CIRE.

[62] Nos termos do art⁰ 230⁰, CIRE.

[63] Serra, Catarina (2004), *O Novo Regime Português da Insolvência, Uma Introdução*, Coimbra, Almedina, pp. 49.

[64] À semelhança do direito português.

[65] Sendo o processo de insolvência um processo de execução coletiva, aplica-se um procedimento *par conditio creditorum*, que significa um tratamento igualitário entre todos os credores da mesma categoria, ou seja, condição de igualdade dos credores.

[66] Cfr. art⁰ 158⁰, n⁰ 1, CIRE.

[67] § 1 S.1, Insolvenzordnung da InsO, in *http://ec.europa.eu/civiljustice/bankruptcy/bankruptcy_ger_pt.htm*.

[68] Serra, Catarina (2004), *O Novo Regime Português da Insolvência – Uma Introdução*, Coimbra, Almedina, pp. 57 Cfr. art⁰ 156⁰ n⁰ 2, CIRE.

[69] Ministério da Justiça (2010), "Regime Jurídico da Insolvência e Recuperação de Empresas – Estudo de avaliação sucessiva", Direção Geral da Política de Justiça, in *http://www.dgpj.mj.pt/*

mar-se, na prática, como uma alternativa efetiva à liquidação da empresa. Esta afirmação resulta, naturalmente, da observação do número limitado de casos em que a opção fundamental dos credores consiste na recuperação do insolvente, e que tal não deriva de constrangimentos de ordem jurídica – DGPJ (2010).

Aponta-se como principal razão para o fracasso da recuperação de empresas, enquanto meio alternativo à liquidação para satisfação dos credores, a situação económica e financeira já muito débil das empresas aquando da declaração de insolvência, pelo que, as condições de viabilidade económica da empresa insolvente acabam por ser pouco atrativas para os credores – DGPJ (2010).

O dever de apresentação à insolvência que impende sobre as empresas é incumprido na generalidade dos casos e o motivo aventado para tal facto consiste na tendência frequente, porventura de cariz cultural, do insolvente para tentar solucionar os problemas económico-financeiros da empresa até ao último momento – DGPJ (2010).

4. Notas conclusivas

Neste capítulo analisamos, em primeiro lugar, diversos conceitos teóricos, nomeadamente os referentes à insolvência, dissolução, liquidação e extinção, bem como à massa insolvente. Posteriormente, e em segundo lugar, efetuamos uma breve evolução histórica da regulamentação insolvencial, por forma a enquadramos a análise sumária do processo de insolvência, com o objetivo de comparar os diversos regimes jurídicos em Portugal. Em terceiro, e último lugar, apresentámos do estudo de avaliação sucessiva da DGPJ, os principais resultados no que se refere ao regime jurídico da insolvência e da recuperação de empresas.

Seguidamente, e, depois de enquadrados todos os conceitos do regime jurídico das sociedades insolventes que consideramos pertinentes, analisaremos, com mais detalhe, o regime fiscal das sociedades insolventes, o qual constitui o objeto de estudo do presente livro.

sections/politica-legislativa/anexos-pendencias/sections/politica-legislativa/anexos-pendencias/anexo-iv-estudo-dezembro/downloadFile/file/AnexoIV_Relatorio_Insolvencias.pdf .

PARTE II
O REGIME FISCAL DAS SOCIEDADES INSOLVENTES EM PORTUGAL

Capítulo III
O SISTEMA FISCAL PORTUGUÊS NA INSOLVÊNCIA

1. Introdução

A análise do regime fiscal de uma sociedade insolvente não é pacífica. Em especial, quando se decide pela liquidação e não pela recuperação ou manutenção da empresa, pois os intervenientes no processo de insolvência, nomeadamente os AI, a AT e MJ, assumem posições muitas vezes contraditórias.

Ao longo dos anos de aplicação do CIRE e de outros normativos jurídicos relativos à insolvência/falência, a problemática fiscal foi constante, nomeadamente no confronto de ideias dos AI em contraposição com a AT. Pelo facto de não existir um regime fiscal especial para as empresas insolventes, é necessário clarificar e discutir a situação fiscal das empresas por forma a simplificar a tributação do processo de insolvência e desburocratizar o sistema fiscal e judicial.

Nesta parte do nosso livro pretende-se, assim, analisar e discutir o regime fiscal da insolvência. Abordaremos em primeiro lugar o sistema fiscal na insolvência, no que diz respeito à tributação das sociedades insolventes em Portugal, em sede de Imposto sobre o Rendimento das Pessoas Coletivas (IRC), Imposto sobre o Valor Acrescentado (IVA), Imposto Municipal sobre Imóveis (IMI), Imposto Municipal sobre as Transmissões Onerosas de Imóveis (IMT), Imposto do Selo (IS) e Imposto Único de Circulação (IUC). Em último lugar, apresentamos os benefícios fiscais no processo de insolvência, bem como discutiremos a sua aplicação prática.

2. A Tributação da massa insolvente em sede de Imposto sobre o Rendimento das Pessoas Coletivas (IRC)

2.1. As sociedades insolventes e os pressupostos do IRC

Com a Reforma Fiscal de 1988 foram instituídos dois impostos sobre o rendimento de características unitárias: o Imposto sobre o Rendimento das Pessoas Singulares (IRS) e Imposto sobre o Rendimento das Pessoas Coletivas (IRC).

Importa para o nosso livro analisarmos mais especificamente o IRC, dado o nosso objeto de estudo – as sociedades insolventes – serem pessoas coletivas e por isso suscetíveis de serem sujeitos passivos de IRC.

O IRC foi instituído com a publicação do Decreto-Lei nº 442-B/88 de 30 de novembro, que aprovou o Código do Imposto sobre o Rendimento das Pessoas Coletivas (CIRC), que entrou em vigor em 1 de janeiro de 1989.[70] O IRC instituiu, assim, uma forma moderna de tributação, na medida em que passou a ter como objetivo a tributação global e personalizada do rendimento, através da adoção de um conceito amplo de rendimento: conceito de rendimento acréscimo. Para efeitos de IRC é o acréscimo de riqueza que é objeto de tributação, isto é, a diferença entre o património final e o inicial de uma entidade económica num período de tributação, tal como definido no artº 3º, nº 2, do CIRC.[71]

Segundo o artigo 1º do CIRC, os pressupostos do IRC são de natureza objetiva (base do imposto), natureza subjetiva (sujeito passivo) e natureza temporal (período de tributação)[72].

A obtenção de rendimentos pelos respetivos sujeitos passivos determina o nascimento da obrigação do imposto. Mas o âmbito dos rendimentos sujeitos a imposto é condicionado não só pela residência do seu

---

[70] Republicado pelo Decreto-Lei nº 159/2009, de 13 de julho, pela Lei nº 2/2014, de 16 de janeiro – Reforma do IRC, alterado pela Lei 7-A/2016 de 30 de março e até à Lei nº 42/2016, de 28 de dezembro.

[71] Artigo 3º, CIRC (Base do imposto): "O IRC incide sobre: a) O lucro das sociedades comerciais ou civis sob forma comercial, das cooperativas e das empresas públicas e o das demais pessoas coletivas ou entidades referidas nas alíneas a) e b) do nº 1 do artigo anterior que exerçam, a título principal, uma atividade de natureza comercial, industrial ou agrícola (...) ".

[72] Artigo 1º, CIRC – Pressuposto do imposto – "O imposto sobre o rendimento das pessoas coletivas (IRC) incide sobre os rendimentos obtidos, mesmo quando provenientes de atos ilícitos, no período de tributação, pelos respetivos sujeitos passivos, nos termos deste Código".

titular como pelo exercício ou não, a título principal, de atividade de natureza comercial, industrial ou agrícola.

Assim, para efeitos de IRC, a obtenção de rendimentos pelos respetivos sujeitos passivos determina o nascimento da obrigação do imposto.

Assim, as entidades cujo objetivo seja a prática de operações económicas de carácter empresarial, incluindo as prestações de serviços, isto é, que através da coordenação de fatores produtivos intervenham na produção ou distribuição de bens ou serviços para o mercado, são tributadas de acordo com o rendimento obtido.

Mas, como se define o rendimento?

Nos termos do artº 104º da Constituição da República Portuguesa (CRP), a tributação das empresas incide fundamentalmente sobre o seu rendimento real.[73]

Para SALDANHA SANCHES (2010) "o rendimento foi o conceito criado pelos economistas nos séculos XVIII e XIX", mas quando o adotamos como facto tributário, temos de recorrer a um conceito mais preciso de rendimento do que aquele que era usado, para os seus fins específicos.[74]

SANTOS (2003; 2013) realça também que a classificação dos impostos toma como critério distintivo a natureza económica da matéria tributável que eles atingem. Com efeito, a capacidade fiscal de um contribuinte decorre dos recursos económicos de que dispõe para satisfação das suas necessidades e estes, por sua vez, podem ser tributados segundo perspetivas distintas, nomeadamente, a do momento em que o contribuinte aufere esses recursos que, assim, assumem a natureza de ganho – caso em

---

[73] Artigo 104º CRP (Impostos) "(...) 2. A tributação das empresas incide fundamentalmente sobre o seu rendimento real. (...)".

[74] "Na sua versão inicial, o *income tax*, tal como foi criado por William Pitt em 1799, apoiava-se em impostos já existentes e tinha por isso uma estrutura cedular. O objeto do imposto não era o rendimento enquanto tal, conceito ainda não definido, mas sim o rendimento de várias fontes ou cédulas (prédios, trabalho) (J. Tiley/G. Loutzenhiser, *Revenue Law*. Oxford: 2008). A mesma marca ou distorção de nascimento pode ser encontrada no *Impôt sur le Revenu* francês de 1914. São impostos que tributam o que podemos chamar as formas clássicas de rendimento, mas com uma construção porosa: o rendimento que resulta do acréscimo do valor dos bens (dos ativos) detidos por um qualquer sujeito passivo não está sujeito a tributação. Neste modelo de tributação eram deixados por tributar os rendimentos que resultavam da alienação daqueles bens que viam o seu valor aumentado com o passar do *tempo* (por oposição a um aumento de valor provocado pela *indústria* do seu proprietário)", in SALDANHA SANCHES, J. L. (2010), *Justiça Fiscal*, Fundação Francisco Manuel dos Santos, pp. 38-39

que se perfila um imposto sobre o rendimento. Na busca de uma conceção fiscal de rendimento idónea para traduzir a capacidade contributiva de um contribuinte foram avançadas duas teorias: a teoria da fonte, segundo a qual o rendimento de uma pessoa é a soma dos bens suscetíveis de avaliação pecuniária que, num certo período, lhe advém da utilização das fontes produtivas de que dispõe; e a teoria do incremento patrimonial, que identifica o rendimento com o enriquecimento líquido de uma pessoa no decurso de um dado período, o equivalente à soma algébrica do seu consumo com a variação (positiva ou negativa) do seu património nesse espaço de tempo.

Alinham-se desse modo, para Santos (2003;2013), duas conceções distintas: a de rendimento-produto, noção restrita por apenas contemplar os proveitos que decorrem periodicamente de uma fonte permanente, o que exclui todos aqueles que possuam caráter excecional, e a de rendimento-acréscimo, noção lata que engloba qualquer incremento patrimonial, independentemente da sua forma, da sua origem, da sua natureza constante ou fortuita ou do destino que se lhe possa dar. Para o autor a prática dos sistemas fiscais tende, entretanto, a privilegiar este último conceito, uma vez que, por princípio, se entende mal que alguns ganhos que inequivocamente aumentam a capacidade económica de uma pessoa sejam excluídos da noção de rendimento pelo simples facto de não resultarem da participação direta numa atividade produtiva.[75]

Para Santos (2003;2013), a simples definição de uma matéria tributável não implica, por si, qualquer consequência fiscal.[76] Mas para que isso se verifique é preciso que ocorra ainda o chamado facto gerador do imposto (também designado por facto tributário ou pressuposto de facto do imposto), algo que se pode descrever como o acontecimento de natureza jurídica ou material que, deviamente delimitado na lei, faz

---

[75] Santos, J.A. (2003;2013), *Teoria Fiscal*, Universidade Técnica de Lisboa, ISCSP, pp. 255-257.

[76] O autor evidencia também que a escolha da matéria tributável é, em boa medida, prescrita pelo quadro socioeconómico onde o imposto tem lugar no qual se contornam condicionantes tão importantes como as tradições históricas, as estruturas políticas, económicas e administrativas ou a internacional. A afirmação de que "o sistema fiscal é a expressão de uma sociedade" representa bem mais do que uma simples figura retórica. A título de exemplo, o autor apresenta o imposto russo que, no tempo de Pedro, *o Grande* (1672-1725) tributava o uso de barba ou de bigode e o imposto proposto durante a Revolução Francesa, cuja matéria tributável era a inteligência de cada um.

nascer a obrigação tributária. Assim, para o autor, uma vez definida a matéria tributável, é a ocorrência de um facto tributário legalmente previsto que determina o nascimento da obrigação de pagar o imposto. Assim, no caso de um imposto sobre o rendimento, a matéria tributável é o próprio rendimento, enquanto o facto tributário (que torna a pessoa obrigada ao imposto) é a perceção de um certo rendimento no decurso de um determinado ano.[77]

Nos termos do artº 8º, nº 5 do CIRC, relativamente às entidades com sede ou direção efetiva em território português é possível verificar que a cessação da atividade ocorre, na data do encerramento da liquidação ou na data da fusão ou cisão, quanto às sociedades extintas em consequência destas, ou na data em que a sede e a direção efetiva deixem de se situar em território português, ou na data em que se verificar a aceitação da herança jacente ou em que tiver lugar a declaração de que esta se encontra vaga a favor do Estado, ou ainda na data em que deixarem de verificar-se as condições de sujeição a imposto.

Independentemente dos factos descritos, pode ainda a administração fiscal declarar oficiosamente a cessação de atividade quando for manifesto que esta não está a ser exercida nem há intenção de a continuar a exercer, ou sempre que o sujeito passivo tenha declarado o exercício de uma atividade sem que possua uma adequada estrutura empresarial em condições de a exercer, tal como definido no nº 6 do artº 8º do CIRC.

Interessam-nos noções fundamentais, tal como o facto de que a obrigação tributária decorre da verificação de um facto (conjugação de pressupostos tributários) a que a lei, e só ela, liga como consequência a sujeição a imposto.

Importa por isso concretizar o conceito de sujeito passivo, que se acolhe em IRC.

2.2. As sociedades insolventes: sujeitos passivos e base de imposto
O artº 2º do CIRC refere, de uma forma geral, que estão sujeitas ao imposto as pessoas coletivas.[78]

---

[77] Santos, J.A. (2003;2013), *Teoria Fiscal*, Universidade Técnica de Lisboa, ISCSP, pp. 274-276.

[78] Esse conceito é explicitamente definido no CIRC, no seu nº 1 do artº 2º (Sujeitos passivos): "são *sujeitos passivos de IRC as sociedades... e as demais pessoas coletivas de direito público ou privado, com sede ou direção efetiva em território português*".

Aqui podemos distinguir entre sujeitos passivos por obrigação pessoal (residentes) em que o âmbito de incidência pessoal do imposto estende-se a todas as pessoas coletivas de direito público ou privado com sede ou direção efetiva (local a partir do qual se faz a gestão global da empresa) em território português, e sujeitos passivos por obrigação real (não residentes).

Assim, genericamente, são sujeitos passivos de IRC as pessoas coletivas residentes em território nacional, que exerçam ou não a título principal uma atividade de natureza comercial, industrial ou agrícola, e as pessoas coletivas não residentes em território nacional, que exerçam a sua atividade com ou sem estabelecimento estável.

Serão as sociedades insolventes sujeitos passivos de IRC?

Os AI sempre entenderam que não há atividade quando se delibera a liquidação do património do devedor insolvente e a repartição do produto obtido pelos credores, já que não se visa o lucro[79] mas apenas o pagamento aos credores, não se realizando por isso operações económicas de carácter empresarial (artº 3º, nº 4[80], CIRC a contrario).[81] Defendem, por isso, os AI que uma sociedade insolvente não exerce a título principal uma atividade de natureza comercial, industrial ou agrícola, o que, por não obter rendimentos, a dispensará do pagamento de qualquer imposto e inclusivamente da entrega da declaração de rendimentos.[82]

No entanto, a posição da AT foi, desde sempre, contrária à dos AI, tendendo a considerar que uma empresa que tivesse sido dissolvida na sequência de processo falimentar continuava a existir como sujeito passivo até à data do encerramento da liquidação, e não apenas quando se

---

[79] Sobre o qual incide o IRC e correspondente à "diferença positiva entre o património líquido no fim e no início do período de tributação", tal como definido nos termos do artº 3º, nº 2 do CIRC. "O lucro tributável das pessoas coletivas e outras entidades mencionadas na alínea a) do nº 1 do artigo 3º é constituído pela soma algébrica do resultado líquido do período e das variações patrimoniais positivas e negativas verificadas no mesmo período e não refletidas naquele resultado, determinados com base na contabilidade e eventualmente corrigidos nos termos deste Código" (artº 17º, CIRC).

[80] O nº 4, do artº 3º do CIRC define que "são consideradas de natureza comercial, industrial ou agrícola todas as atividades que consistam na realização de operações económicas de carácter empresarial, incluindo as prestações de serviços".

[81] Reclamação APAJ, Processo 9/10.6BCPRT, Tribunal Central Administrativo Norte, disponível em *http://www.apaj.pt/ficheiros/oposicao_da_accao_principal.pdf.*

[82] Exigível, nos termos do artº 117º CIRC – Obrigações declarativas.

decidisse a sua manutenção, mantendo-se assim vinculada a obrigações fiscais e, logo, à entrega atempada das obrigações fiscais declarativas.[83] Não obstante as contradições que pudessem surgir, na prática, era prudente cumprir o que determinava a AT, ainda que o fosse sob a forma de doutrina.[84]

Posteriormente, a AT emitiu, aprovou e fez entrar em vigor a Circular nº 1/2010, de 2 de fevereiro, cujos efeitos se repercutiram na esfera dos AI, com obrigações impostas que não decorriam de qualquer norma legal prevista CIRE, daí a necessidade de alteração ao artº 65º do CIRE, que acabou por surgir pela Lei nº 16/2012, de 20 de abril.[85]

Apesar de terem existido muitas dúvidas nessa matéria, TIAGO (2012) veio referir que esse era o entendimento dos Tribunais Fiscais, que se encontrava vertido no Acórdão do Supremo Tribunal Administrativo[86], e que está em concordância com o entendimento adotado pela AT, de

---

[83] Atenda-se a título de exemplo ao Ofício-Circulado nº 63 918-SIVA, de 05.06.1995: CIVA – Falências, assim como ao Ofício-Circulado nº 30 003-SIVA, de 15.04.1999: CIVA – Falências – Direitos e Obrigações dos Sujeitos Passivos após a Declaração de Falência, in *http://info. portaldasfinancas.gov.pt/pt/informacao_fiscal/*.

[84] Já quando o CPEREF vigorava não existia legislação específica nesta matéria da tributação, pelo que todas as obrigações eram cumpridas pelos Liquidatários Judiciais ao abrigo das diversas publicações doutrinais da DGCI, hoje AT. Com a Lei nº 16/2012, de 20 de abril, e, nomeadamente, com a alteração do artigo 65º do CIRE, finalmente se faz referência ao cumprimento das obrigações fiscais no CIRE, que subsistem na esfera do insolvente, e que se apresentavam muito duvidosas no regime anterior.

[85] Artigo 65º, CIRE – Contas anuais do devedor: "1 – O disposto nos artigos anteriores não prejudica o dever de elaborar e depositar contas anuais, nos termos que forem legalmente obrigatórios para o devedor. 2 – As obrigações declarativas a que se refere o número anterior subsistem na esfera do insolvente e dos seus legais representantes, os quais se mantêm obrigados ao cumprimento das obrigações fiscais, respondendo pelo seu incumprimento. 3 – Com a deliberação de encerramento da atividade do estabelecimento, nos termos do nº 2 do artigo 156º, extinguem-se necessariamente todas as obrigações declarativas e fiscais, o que deve ser comunicado oficiosamente pelo tribunal à administração fiscal para efeitos de cessação da atividade. 4 – Na falta da deliberação referida no número anterior, as obrigações fiscais passam a ser da responsabilidade daquele a quem a administração do insolvente tenha sido cometida e enquanto esta durar. 5 – As eventuais responsabilidades fiscais que possam constituir-se entre a declaração de insolvência e a deliberação referida no nº 3 são da responsabilidade daquele a quem tiver sido conferida a administração da insolvência, nos termos dos números anteriores".

[86] MINISTÉRIO DA JUSTIÇA (2011), Supremo Tribunal Administrativo, Acórdão Processo 01145/09, 24/02/2011, *http://www.dgsi.pt/jsta.nsf/35fbbbf22e1bb1e680256f8e003ea931/e855a5f f7425a7378025784800530ac4?OpenDocument*.

que a declaração de insolvência da sociedade não a desobriga do cumprimento de obrigações fiscais declarativas, tal como constava da Circular nº 1/2010, de 2 de fevereiro.[87]

> **Acórdão do Supremo Tribunal Administrativo**
> **Processo 01145/09, 24/02/2011**
>
> A sociedade dissolvida na sequência de processo falimentar continua a existir enquanto sujeito passivo de IRC até à data do encerramento da liquidação, ficando sujeita, com as necessárias adaptações e em tudo o que não for incompatível com o regime processual da massa falida, às disposições previstas no CIRC para a tributação do lucro tributável das sociedades em liquidação, mantendo-se vinculada a obrigações fiscais declarativas.

No sentido de esclarecer esta problemática, vejamos pois algumas questões analisadas no *Relatório do Grupo para o Estudo da Política Fiscal: Competitividade, Eficiência e Justiça do Sistema Fiscal*[88].

As questões que se discutiram foram essencialmente as seguintes.

Cessariam ou não as obrigações declarativas e de registo comercial, isto é, entregariam ou não as declarações de rendimentos e as declarações periódicas do IVA e de cessação de atividade e registariam ou não o encerramento da liquidação?

Em caso afirmativo, quem seria a entidade responsável pelo cumprimento dessas obrigações?

O Relatório do Grupo de Trabalho evidenciava também a existência de decisões judiciais que entendiam que à liquidação da massa falida não se aplicam as regras do Código das Sociedades relativas à liquidação

---

[87] Tiago, Filomena (2012), "A empresa insolvente mantém a personalidade tributária", Vida Económica, *in http://www.vidaeconomica.pt/gen.pl?p=stories&op=view&fokey=ve.stories/79852*, Porto.

[88] Inclusivamente no próprio relatório constava que não seriam líquidas as obrigações tributárias do insolvente no período em que decorresse o processo de insolvência; Ministério das Finanças e da Administração Pública (2009), Secretaria de Estado dos Assuntos Fiscais, "Relatório do Grupo para o Estudo da Política Fiscal: Competitividade, Eficiência e Justiça do Sistema Fiscal", pp.719, *in http://info.portaldasfinancas.gov.pt/NR/rdonlyres/8AFAA047-5AB4-4295-AA08E09731F29B0A/0/GPFRelatorio*Global_VFinal.pdf.

voluntária das sociedades, inexistindo obrigações declarativas resultantes de atos praticados durante a liquidação falencial. Daí que, sendo esta matéria conexa à da personalidade tributária da massa insolvente, mas que se projetaria essencialmente em sede de IRC ou IRS, e em sede de IVA, o mesmo recomendava se se deveria ponderar a compatibilização dos normativos dos códigos tributários com as normas do CIRE. Neste sentido, ponderou-se a harmonização dos pressupostos da cessação da atividade em ambos os impostos, tendo em vista a redução sempre que possível das obrigações declarativas do insolvente.

Assim, procedeu-se à tão esperada alteração do CIRE.[89]

Com a nova redação do artº 65º, relativo às contas anuais do devedor, esta questão relativa ao cumprimento das obrigações fiscais esperou-se finalmente esclarecida, já que passou a definir, nos termos do seu nº 3, que, com a deliberação de encerramento da atividade do estabelecimento, nos termos do nº 2 do artigo 156º, extinguem-se necessariamente todas as obrigações declarativas e fiscais, o que deve ser comunicado oficiosamente pelo tribunal à administração fiscal para efeitos de cessação da atividade.

Segundo ESTEVES *et al.* (2012) a alteração do CIRE veio clarificar o regime aplicável ao cumprimento de obrigações fiscais, nomeadamente na sequência da decisão de deliberação de encerramento da atividade, caso em que se extinguem necessariamente todas as obrigações declarativas e fiscais.[90]

LANÇA (2012) evidenciava, todavia, que, ainda assim, não ficou devidamente esclarecida esta temática, pois a verdade é que a norma do CIRE parecia contrariar a lei fiscal, nomeadamente o CIRC, já que na data do encerramento da liquidação é que ocorreria a cessação de atividade para efeitos fiscais.[91]

---

[89] Aditamento pela Lei nº 16/2012, de 20 de abril.

[90] ESTEVES, M. J., AMORIM, S.A., VALÉRIO, P. (2012), *Código da Insolvência e de Recuperação de Empresas Anotado*, Porto, VidaEconómica Grupo Editorial, pp. 92.

[91] LANÇA, Filomena (2012), "MF e MJ não se entendem sobre empresas em insolvência", Porto, *Jornal de Negócios, in http://www.inverbis.pt.*

Na prática a liquidação da massa insolvente nem sempre é tão célere como se pretende que seja e pode demorar anos.[92] Por isso, as dúvidas continuaram na fase de liquidação da massa insolvente.[93]

Ainda assim, e de acordo com o Tribunal do Comércio de Vila Nova de Gaia[94], as normas da liquidação da sociedade não se devem confundir com as da liquidação dos ativos insolventes.

> **Despacho do Tribunal do Comércio de Vila Nova de Gaia**
>
> As normas da liquidação da sociedade não se devem confundir com as da liquidação dos ativos insolventes, porque enquanto aquelas se destinam a regular a partilha do património societário da sociedade dissolvida, sendo a liquidação feita no interesse dos sócios, estas regulam a venda dos bens arrolados para a massa insolvente como se se tratasse de um processo executivo, feita no interesse dos credores.

Mas a AT continuou a defender uma posição contrária. Senão vejamos.

A AT (2010) considerava que a sujeição às normas de incidência fiscal, mesmo em fase de liquidação dos ativos insolventes, nada teria de extraordinário à luz dos princípios subjacentes à tributação em sede de IRC. Isto porque, o facto de ser declarada a insolvência e eventualmente cessar a prossecução do objeto social da empresa, não significaria que esta deixasse de obter rendimentos sujeitos a IRC e tal assim é pois estes não derivariam apenas do exercício efetivo de uma atividade económica e haveria que ter em conta, designadamente, as variações patrimoniais positivas não refletidas no resultado líquido do exercício. A AT afirmava ainda que, uma vez declarada a insolvência, deixaria de se conceber o exercício em comum de uma atividade económica com o fim de repartir lucros. Todavia, segundo a AT continuavam a verificar-se as condições de sujeição

---

[92] O produto da liquidação deve ser depositado à medida que a liquidação se for efetuando, nos termos do art° 167° do CIRE e a mesma deve estar encerrada no prazo de um ano, a contar da data da assembleia de apreciação do relatório, ou no final de cada período de 6 meses subsequentes, salvo razões que justifiquem o prolongamento.

[93] Relembrar que a liquidação compreende a venda de todos os bens apreendidos pelo Administrador de Insolvência.

[94] Despacho Tribunal do Comércio de Vila Nova de Gaia, Processo 236/03.2TYVNG, 18/04/2007.

ao IRC, porque o que é relevante é que, ainda que se considerasse que as entidades insolventes não exercem de facto atividade, nunca passariam, em razão da insolvência, a ser classificadas como não exercendo uma atividade a título principal. Mais, defendia que não seria apenas a legislação fiscal a chamar a si a tributação destas entidades, mas o próprio CIRE que o determinaria, o que decorre designadamente do artº 268º do diploma, pois, confirma a incidência das entidades insolventes designadamente, mas não só, aos impostos sobre o rendimento principalmente porque ao estabelecer aí isenções fiscais, vem precisamente confirmar a sujeição das entidades insolventes às obrigações tributárias normais pelos atos de gestão e liquidação dos ativos insolventes.[95]

Foram pois debatidas uma série de questões, nomeadamente por LANÇA (2012),[96] uma vez que, para a autora, sendo o CIRE a lei mais recente não revogaria pois as leis mais antigas? A nova regra do artº 65º não significaria que uma empresa insolvente que encerrasse o seu estabelecimento ficasse de facto dispensada das suas obrigações declarativas e fiscais e deixaria por isso de estar sujeita a IRC na liquidação dos seus ativos? A Circular nº 1/2010, ainda que não tivesse força de lei, continuando em vigor, poderia levar a um problema de falta de uniformidade entre os vários Códigos?

Em 2015, foi publicada a Circular nº 10/2015[97], que revogou finalmente a Circular nº 1/2010 e aprovou um guião com vista a clarificar e facilitar o cumprimento das principais obrigações fiscais por parte dos administradores da insolvência ou de outros representantes.

A Circular nº 10/2015 esclarece, então, o cumprimento das obrigações fiscais declarativas. Caso seja deliberado o encerramento de estabelecimento compreendido na massa insolvente e comunicado tal facto à AT pelo tribunal, em conformidade com o disposto no nº 3 do artigo 65º do CIRE, é assumida a cessação oficiosa, prevista no nº 6 do artigo 8º do CIRC, e, no entendimento da AT, as sociedades insolventes só ficam obri-

---

[95] Oposição da AT no processo 9/10.6BCPRT, Tribunal Central Administrativo Norte, disponível em *http://www.apaj.pt/ficheiros/oposicaodaadministracaofiscal.pdf.*

[96] LANÇA, Filomena (2012), "MF e MJ não se entendem sobre empresas em insolvência", Porto, *Jornal de Negócios, in http://www.inverbis.pt.*

[97] Circular nº 10/2015, de 9 de setembro, in *info.portaldasfinancas.gov.pt/NR/rdonlyres/631ADD97.../ Circular_10_2015.pdf.*

gadas à entrega da declaração periódica de rendimentos relativamente aos períodos de tributação em que se verifique a existência de qualquer facto tributário sujeito a IRC. Mesmo que não haja sido deliberado o encerramento do estabelecimento mantém-se a obrigatoriedade de apresentação da declaração anual de informação contabilística e fiscal a que se refere a alínea c) do nº 1 do artigo 117º do Código do IRC, nos termos previstos no artigo 121º do mesmo Código.

A AT mantém a mesma posição relativamente à liquidação e pagamento do imposto, continuando a considerar que existem factos tributários sujeitos a IRC na liquidação da massa insolvente, pois uma "pessoa coletiva em situação de insolvência continua a existir enquanto sujeito passivo de impostos".

Consideramos, por isso, continuar a ser exigível a alteração da legislação fiscal no que se refere às sociedades insolventes, nomeadamente na clarificação do regime fiscal e dos pressupostos do IRC.

No que toca à tributação no processo de insolvência, colocam-se também outras questões de justiça fiscal, que na nossa aceção, se prendem com o não cumprimento do princípio da igualdade.

Para CASALTA NABAIS (2012), o Princípio da Igualdade Fiscal exige que o que é (essencialmente) igual, seja tributado igualmente, e o que é (essencialmente) desigual, seja tributado desigualmente na medida dessa desigualdade.[98]

Nem todas as sociedades declaradas insolventes se encontram em situação de efetiva cessação de atividade, como vimos no capítulo anterior.

Mas, para as que cessam de facto a atividade, porque entende a AT que a massa insolvente exerce uma atividade sujeita a tributação?

O ideal da justiça fiscal tem suscitado uma particular atenção ao longo do tempo, bem expressa nos inúmeros trabalhos académicos que o abordam, como referem BAIRRADA e MARTINS (2008).[99]

O que é um imposto justo?

Qual o padrão para aferir o grau de justiça de um sistema fiscal?

---

[98] CASALTA NABAIS, J. (2012), *O Dever Fundamental De Pagar Impostos – Contributo Para a Compreensão Constitucional Do Estado Fiscal Contemporâneo*. Edições Almedina, S.A., pp. 435-520.

[99] BAIRRADA, C. e Martins, A. (2008), *"Uma nota sobre a justiça fiscal em Portugal"*, Economia Global e Gestão, ISCTE, vol. 13, nº 3, Lisboa, pp. 2, in *http://www.scielo.oces.mctes.pt/pdf/egg/v13n3/v13n3a03.pdf*.

São as questões que SANTOS (2003;2013) coloca e que considera que não têm resposta objetiva e universalmente aceite.[100]

O CIRE ao prever benefícios fiscais no processo de insolvência em sede de IRC, que afastam da tributação a liquidação dos bens de uma sociedade insolvente naquelas circunstâncias específicas, em que medida respeita o princípio da igualdade?

O problema da falência é o facto de que se tem de atribuir uma determinada quantidade de um bem divisível quando não há o suficiente para satisfazer as exigências de todos os credores.[101]

E quando na liquidação dos ativos insolventes, a AT ainda exige imposto estará a ser tido em conta a capacidade contributiva da sociedade insolvente?

Segundo SANTOS (2003;2013), e de harmonia com o princípio da capacidade contributiva, um sistema fiscal é justo se a repartição dos impostos pelos cidadãos for feita de acordo com a sua capacidade económica, independentemente do grau de satisfação que cada um possa retirar da fruição dos bens e serviços públicos.[102]

O autor aborda ainda este conceito da capacidade contributiva baseando-se na Lei Geral Tributária (LGT), a qual considera que a condição de sujeito passivo é explicitamente reservada aos entes que estão vinculados ao cumprimento da prestação tributária, seja como contribuinte direto, como substituto ou como responsável. E o estabelecimento de um imposto tem como objetivo primordial a captação de uma receita, pelo que o legislador fiscal começa por visar o possuidor de uma manifestação concreta de capacidade produtiva – a condição básica para que alguém possa proporcionar a transferência de recursos económicos que o imposto traduz, daí que de acordo com a nossa LGT, só algumas das

---

[100] SANTOS, J.A. (2003;2013), *Teoria Fiscal*, Universidade Técnica de Lisboa, ISCSP, pp. 392.

[101] MORENO-TERNERO, J.D., VILLAR, A. (2002), "Bankruptcy Rules and Progressive Taxation", Instituto Valenciano de Investigaciones Económicas, S.A., Espanha, pp.3, in *http://www.google. pt/url?sa=t&rct=j&q=&esrc=s&source=web&cd=4&ved=0CEUQFjAD&url=http%3A%2F%2Fwww. researchgate.net%2Fpublication%2F5134429_BANKRUPTCY_RULES_AND_PROGRESSIVE_ TAXATION%2Ffile%2F79e4150766ca07a89e.pdf&ei=gegUUffqFIOJhQfX4IHICw&usg=AFQjC NF6NPCXC1r4ooVtal41STViiZGIHA&bvm=bv.42080656,d.d2k.*

[102] SANTOS, J.A. (2003;2013), *Teoria Fiscal*, Universidade Técnica de Lisboa, ISCSP, pp. 405-412.

pessoas vinculadas ao cumprimento de obrigações fiscais, no quadro de um determinado imposto, assumem a qualidade de sujeitos passivos.[103]

Assim, para SANTOS (2003;2013) uma vez afastada a solução das capitações, a opção básica que se oferece ao legislador é a da escolha para base do imposto de um elemento capaz de indiciar a capacidade económica de uma pessoa, seja nas suas fontes (v.g., um rendimento), seja nas suas manifestações (v.g, um consumo).[104]

Por isso, em nossa opinião, o IRC não é um imposto de capitação e os impostos não podem ser exigidos apenas pelo simples facto da sociedade existir. É necessário, antes de mais, ter em conta a capacidade económica das sociedades insolventes.[105]

Assim, relativamente ao processo de insolvência, colocamos as seguintes questões.

A liquidação dos ativos insolventes é uma atividade produtiva que origina enriquecimento líquido, pelo que é considerada rendimento?

Ao consultarmos o art.º 1º do CIRE, quando define o conceito de processo de insolvência[106], devemos considerar que o produto desta liquidação é acréscimo de riqueza e que concorre para a determinação da matéria coletável?

Segundo TIAGO (2012) nas sociedades declaradas insolventes, não é o facto de se tratar de uma execução universal de bens e de se estar perante uma situação económica deficitária, que impede que se possam verificar ganhos fortuitos e inesperados, vendas de bens por valores que podem não só solver todas as dívidas como gerar sobras, incrementos pa-

---

[103] SANTOS, J.A. (2003;2013), *Teoria Fiscal*, Universidade Técnica de Lisboa, ISCSP, pp. 211. Artigo 4º, LGT (*Pressupostos dos Tributos*) – 1 – *Os impostos assentam essencialmente na capacidade contributiva, revelada, nos termos da lei, através do rendimento ou da sua utilização e do património (...)*

[104] SANTOS evidencia também que pode dizer-se que a matéria tributável de um imposto de capitação era o próprio indivíduo, uma vez que, na sua forma mais primária (a *capitação simples*), o imposto lhe era exigido pelo simples facto de existir, isto é, sem qualquer conotação com a sua capacidade económica, in SANTOS, J.A. (2003;2013), *Teoria Fiscal, Universidade Técnica de Lisboa, ISCSP*, pp. 275

[105] Atender também ao disposto nos art.º 15º e 16º da LGT, que se referem à personalidade tributária e à capacidade tributária, respetivamente.

[106] É "um processo de execução universal que tem como finalidade a satisfação dos credores pela forma prevista num plano de insolvência, baseado, nomeadamente na recuperação da empresa compreendida na massa insolvente, ou, quando tal não se afigure possível, na liquidação do património do devedor insolvente e a repartição do produto obtido pelos credores".

trimoniais.[107] Como tal, Tiago (2012)[108] evidencia ainda que não subsiste qualquer razão para se furtarem as sociedades insolventes à tributação em sede de IRC, e que o lucro tributável da sociedade insolvente é determinado com referência a todo o período de liquidação do património societário.

Atendendo ao conceito de rendimento acréscimo, para efeitos de IRC, e considerando que a tributação do rendimento em sede de IRC incide sobre a realidade económica constituída pelo lucro, o Acórdão do Supremo Tribunal Administrativo[109] evidencia que a venda de bens que integrem o ativo imobilizado de uma sociedade entretanto declarada falida, efetuada nos autos de liquidação do respetivo ativo, não integra o conceito de mais-valias e menos-valias previsto no CIRC.[110]

---

[107] TIAGO, Filomena (2012), "A empresa insolvente mantém a personalidade tributária", Porto, Vida Económica, *in http://www.vidaeconomica.pt/gen.pl?p=stories&op=view&fokey=ve. stories/79852.*

[108] *Idem, ibidem*

[109] MINISTÉRIO DA JUSTIÇA (2003), Supremo Tribunal Administrativo, Acórdão Processo 01079/03, 29/10/2003, *http://www.dgsi.pt/jsta.nsf/35fbbbf22e1bb1e680256f8e003ea931/32e17fd c3a9cbdfc80256dea003ec11b?OpenDocument&ExpandSection=1.*

[110] Atual artº 46º do CIRC – Conceito de mais-valias e de menos-valias: "1 – Consideram-se mais-valias ou menos-valias realizadas os ganhos obtidos ou as perdas sofridas mediante transmissão onerosa, qualquer que seja o título por que se opere e, bem assim, os decorrentes de sinistros ou os resultantes da afetação permanente a fins alheios à atividade exercida, respeitantes a: a) ativos fixos tangíveis, ativos intangíveis, ativos biológicos que não sejam consumíveis e propriedades de investimento, ainda que qualquer destes ativos tenha sido reclassificado como ativo não corrente detido para venda; b) Instrumentos financeiros, com exceção dos reconhecidos pelo justo valor nos termos das alíneas a) e b) do nº 9 do artigo 18º"(...).

A FISCALIDADE DAS SOCIEDADES INSOLVENTES

> **Acórdão do Supremo Tribunal Administrativo**
> **Processo 01079/03, 29/10/2003**
>
> Com a declaração de falência, não há mais ativo imobilizado, qua tale, sendo, antes, todos os bens apreendidos, passando a constituir um novo património, a chamada ... "(...)"um acervo de bens e direitos retirados da disponibilidade da sociedade e que serve exclusivamente, depois de liquidado, para pagar, primeiramente, as custas processuais e as despesas de administração e, depois, os créditos reconhecidos. O Exmo. magistrado do MP emitiu parecer no sentido do não provimento do recurso, já que, declarada a falência da sociedade, cessa a prossecução do seu objeto social – e, portanto, a obtenção de lucros, que é a base do IRC (artº 1º e 3º do CIRC) – não mais havendo ativo imobilizado nem existências enquanto tais, sendo apreendidos todos os bens que passam a constituir o património "...": "um acervo de bens (...)", faltando, pois, o facto tributário pois que o não pode ser nunca a própria liquidação..." (...)"a declaração de falência pressupõe uma situação claramente deficitária e que esta seja economicamente inviável" (...) "só através de uma ficção jurídica se poderia considerar lucro tributável o produto da alienação de património afetado ao pagamento de dívidas que já não consegue cobrir.

Também o Supremo Tribunal Administrativo[111] sublinha que a declaração de insolvência constitui um dos fundamentos da dissolução das sociedades e essa dissolução equivale à morte do infrator, e vem confirmar a sentença anterior.

---

[111] MINISTÉRIO DA JUSTIÇA (2011), Supremo Tribunal Administrativo, Acórdão Processo 0617/10, 09/02/2011, *http://www.dgsi.pt/jsta.nsf/35fbbbf22e1bb1e680256f8e003ea931/478991ba a56b1ff78025783a003f0ebb?OpenDocument.*

> **Acórdão do Supremo Tribunal Administrativo**
> **Processo 0617/10, 09/02/2011**
>
> Pois embora a sociedade dissolvida, em liquidação, mantenha a sua personalidade jurídica, nos termos do art.º 146°, n° 2 do CSC, são, com a declaração de falência, apreendidos todos os seus bens, passando a constituir um novo património, a chamada "massa falida", um acervo de bens e direitos retirados da disponibilidade da sociedade e que serve exclusivamente, depois de liquidado, para pagar, em primeiro lugar, as custas processuais e as despesas de administração e, depois, os créditos reconhecidos.

Com a decisão da liquidação da sociedade, esta dissolve-se e passa a existir uma massa insolvente.

Será a massa insolvente uma entidade coletiva e consequentemente sujeito passivo de IRC?

Com referência à apreensão dos bens e proferida a sentença declaratória da insolvência, procede-se à imediata apreensão dos elementos da contabilidade e de todos os bens integrantes da *massa insolvente*, como determina o art.º 149º do CIRE.

Também com o início da venda de bens, define o artigo no art.º 158º do CIRE que, transitada em julgado a sentença declaratória da insolvência e realizada a assembleia de apreciação do relatório, o administrador da insolvência procede com prontidão à venda de todos os bens apreendidos para a *massa insolvente*, independentemente da verificação do passivo, na medida em que a tanto se não oponham as deliberações tomadas pelos credores na referida assembleia e que mediante prévia concordância da comissão de credores, ou, na sua falta, do juiz, o administrador da insolvência promove, porém, a venda imediata dos bens da *massa insolvente* que não possam ou não se devam conservar por estarem sujeitos a deterioração ou depreciação.

Ao longo do seu texto, o CIRE refere sempre a massa insolvente e não mais referências faz a sociedade.

Tendo em conta os princípios que regeram a reforma fiscal em Portugal e a alteração da estrutura da tributação do rendimento, não há dúvidas de que em sede de IRC e sendo decidida a manutenção da atividade de uma sociedade insolvente, o cumprimento total das suas obrigações quer contabilísticas quer fiscais lhe está inerente, e se trata de um sujeito passivo do imposto, conforme explicitaremos. O problema surge quanto às pessoas coletivas insolventes que não continuam a sua atividade, na sequência da deliberação da assembleia de credores, que decide o encerramento do estabelecimento, nos termos definidos no CIRE. Em Portugal, a AT tem entendido a massa insolvente como um sujeito passivo de IRC. Mas fará sentido esta aceção?

TIAGO (2012) salienta que conforme se emana da AT, a personalidade tributária da insolvente, tal como definida no artigo 15º da Lei Geral Tributária (LGT), não é afetada pela declaração de insolvência, pois inerente ao respetivo processo de liquidação está a realização de operações abrangidas pelo campo de incidência do IRC.[112] De acordo com o nº 5 do artº 8º do CIRC, que refere que a cessação de atividade ocorre na data do encerramento da liquidação, a autora defende que até que ocorra o registo do encerramento da liquidação a sociedade mantém a personalidade jurídica e como tal é sujeito de direitos e obrigações, continuando a ser-lhe aplicável, com as necessárias adaptações e em tudo o que não for incompatível com o regime processual de liquidação, as disposições que regem as sociedades não dissolvidas, conforme dispõe o nº 2 do artº 146º do CSC.

TIAGO (2012) considera ainda que nos termos dos artigos 156º, nº 2, e 234º do CIRE, ao decidir-se a manutenção da atividade da empresa após a declaração de insolvência ou a sua retoma, a sociedade declarada insolvente mantém a sua personalidade jurídica e tributária. Assim, a suscetibilidade de ser sujeito de relações jurídicas tributárias no processo de liquidação determina a manutenção da qualidade de sujeito passivo. Por fim, conclui que em termos fiscais o que é decisivo é a cessação de atividade, pelo que o que é decisivo não é a ausência de prossecução do objeto social, mas sim a cessação de atividade, mantendo por isso a sociedade em liquidação a qualidade de sujeito passivo de IRC, nos termos do disposto no artº 2º do CIRC.

Para os AI quando uma sociedade insolvente mantém a atividade, não existem dúvidas de que é sujeito passivo de imposto. Diferente será, porém, a situação da entidade insolvente que cessa de facto atividade, e que, portanto, deixa de ser sujeito passivo para efeitos de IRC. Isto porque

---

[112] TIAGO, Filomena (2012), "A empresa insolvente mantém a personalidade tributária", Porto, Vida Económica, *in http://www.vidaeconomica.pt/gen.pl?p=stories&op=view&fokey=ve. stories/79852.*

após a declaração de insolvência, a entidade em causa deixa de consubstanciar uma estrutura económica que visa alcançar o lucro através do desenvolvimento de uma atividade comercial, industrial ou agrícola, para se transformar num conjunto de bens, sem qualquer ligação funcional entre si, que se destinam, tão só, a satisfazer os credores. Assim, após a declaração de insolvência opera-se a dissolução da sociedade, facto que permite concluir que, do ponto de vista subjetivo, tal entidade deixará, a partir desse momento, de configurar qualquer das figuras previstas no artigo 2º do CIRC, enquanto sujeito passivo.[113]

Aliás, o Supremo Tribunal Administrativo[114] [115] vem, inclusivamente, expor que a falência leva à morte da pessoa física.

Acórdão do Supremo Tribunal Administrativo
Processo 0524/05, 16/11/2005

Ocorre a extinção jurídica para efeitos fiscais, logo com a declaração da insolvência, sem afastar o conceito de que até que se efetue o registo do encerramento da liquidação, uma sociedade mantém a personalidade jurídica, definida nos termos do CSC. A dissolução, por declaração de falência de sociedade arguida em processo contraordenacional, acarreta a extinção do respetivo procedimento, por dever considerar-se, para o efeito, equivalente à morte de pessoa física.

Assim, atrevemo-nos a colocar a seguinte questão.

Porque considerar sujeito passivo uma entidade que estará morta juridicamente?

O CIRE prevê benefícios fiscais no processo de insolvência, e como na ótica da AT só se pode afastar do âmbito da tributação por isenção aquilo que *a priori* está sujeito, a mesma pressupõe a própria sujeição ao imposto,

---

[113] Providência Cautelar de Suspensão de Eficácia Contra o Ministério das Finanças, APAJ – Associação Portuguesa dos Administradores Judiciais, Processo 9/10.6BCPRT do Tribunal Central Administrativo do Norte.

[114] MINISTÉRIO DA JUSTIÇA (2005), Supremo Tribunal Administrativo, Acórdão Processo 0524/05, 16/11/2005, in *http://www.dgsi.pt/jtrp.nsf.*

[115] O Acórdão considera a extinção jurídica para efeitos fiscais, logo com a declaração da insolvência, sem afastar o conceito de que até que ocorra o registo do encerramento da liquidação, uma sociedade mantém a personalidade jurídica, definida nos termos do CSC.

independentemente de se decidir a liquidação ou a manutenção da sociedade declarada insolvente.[116]

Conforme resulta do exposto, podemos concluir que este tema se trata de uma matéria muito polémica e de discussão inacabada na academia e na vida empresarial e profissional.

2.3. As sociedades em liquidação no CIRC

O CIRC como foi publicado, em 1989, não atribuiu, como é sabido, nenhuma secção especial à tributação das sociedades insolventes. Todavia, em diversos artigos refere-se ao processo de insolvência, ainda que de forma indireta.

A AT concentra a sua atuação na Subsecção V – Liquidação de sociedades e outras entidades (artº 79º a 82º) do CIRC. O artº 79º refere-se à determinação do lucro tributável no período de liquidação.[117] Os artigos 80º a 82º referem-se respetivamente ao resultado de liquidação, ao resultado da partilha e à liquidação de pessoas coletivas que não sejam sociedades.

O lucro tributável das sociedades em liquidação é determinado com referência a todo o período de liquidação, nos termos do nº 1 do artº 79º

---

[116] Processo 9/10.6BCPRT do Tribunal Central Administrativo do Norte, e da contestação da Direção de Serviços de Consultoria Jurídica e Contencioso, da Direcção Geral dos Impostos, datada de 12.2010.

[117] Artº 79º, CIRC – Sociedades em liquidação: "1 – Relativamente às sociedades em liquidação, o lucro tributável é determinado com referência a todo o período de liquidação.2 – Para efeitos do disposto no número anterior, deve observar-se o seguinte: a) As sociedades que se dissolvam devem encerrar as suas contas com referência à data da dissolução, com vista à determinação do lucro tributável correspondente ao período decorrido desde o início do período de tributação em que se verificou a dissolução até à data desta; b) Durante o período em que decorre a liquidação e até ao fim do período de tributação imediatamente anterior ao encerramento desta, há lugar, anualmente, à determinação do lucro tributável respetivo, que tem natureza provisória e é corrigido face à determinação do lucro tributável correspondente a todo o período de liquidação; c) No período de tributação em que ocorre a dissolução deve determinar-se separadamente o lucro referido na alínea a) e o lucro mencionado na primeira parte da alínea b). 3 – Quando o período de liquidação ultrapasse dois anos, o lucro tributável determinado anualmente, nos termos da alínea b) do número anterior, deixa de ter natureza provisória.4 – Os prejuízos anteriores à dissolução que na data desta ainda sejam dedutíveis nos termos do artigo 52º podem ser deduzidos ao lucro tributável correspondente a todo o período de liquidação, se este não ultrapassar dois anos. 5 – A liquidação de sociedades decorrente da declaração de nulidade ou da anulação do respetivo contrato é aplicável, com as necessárias adaptações, o disposto nos números anteriores".

do CIRC. Deverão ser, no entanto, observados os procedimentos enumerados no nº 2 do artº 79º do CIRC.

Assim, o encerramento das contas à data da dissolução, com vista à determinação do lucro tributável, correspondente ao período decorrido desde o início do exercício em que se verificou a dissolução até à data desta.

Durante o período de liquidação e até ao fim do exercício imediatamente anterior ao seu encerramento, haverá que, anualmente, determinar o lucro tributável respetivo, que terá natureza provisória e será corrigido face à determinação do lucro tributável correspondente a todo o período de liquidação.

No exercício em que ocorre a dissolução, o lucro tributável deverá ser determinado separadamente, contemplando o período decorrido entre o início do exercício e a data da dissolução e o período que decorre entre esta e o termo do exercício, não obstante a possibilidade de entrega de uma única declaração modelo 22 respeitante a todo o período de tributação.

Quando o período de liquidação ultrapasse dois anos, o lucro tributável determinado anualmente, conforme referido anteriormente, deixa de ter natureza provisória e passa a definitivo.

De referir ainda que a declaração do período de liquidação, que tem por objetivo corrigir o lucro tributável declarado durante esse período, apenas tem interesse quando, nos períodos de liquidação provisória que o integram, a taxa de IRC seja inferior à que se encontra em vigor à data da cessação ou tenham ocorrido prejuízos fiscais, que possam ser deduzidos ao lucro tributável correspondente a todo o período de liquidação, se o mesmo período não ultrapassar dois anos.

Afinando um pouco mais a nossa análise, vejamos o seguinte exemplo.

A sociedade A foi dissolvida em 15 de maio de 2011 e a data da sua cessação ocorreu em 1 de março de 2013. Durante o ano 2011 foi apurada matéria coletável de 100.000€, sendo que 40.000€ são relativos ao período normal, antes da data da dissolução e 60.000€ são relativos ao período após a data da dissolução. O IRC total foi de 25.000€. Durante o ano 2012 foi apurada matéria coletável de 30.000. O IRC total foi de 7.500€. Durante o ano 2013, até á data da cessação, foi apurada matéria coletável de (40.000)€. O IRC total foi de 0€.

Figura 13 – A tributação das sociedades em liquidação (exemplo 1)

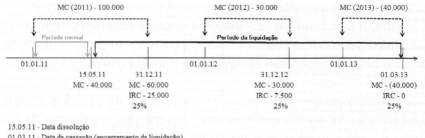

Analisemos, agora, a título exemplificativo, a mesma situação anteriormente descrita, mas considerando que a sociedade A foi dissolvida em 15 de maio de 2013 e a data da sua cessação ocorreu em 1 de março de 2015, apresentamos na figura 15 o esquema da tributação da sociedade, desde a data da dissolução.

Figura 14 – A tributação das sociedades em liquidação (exemplo 2)

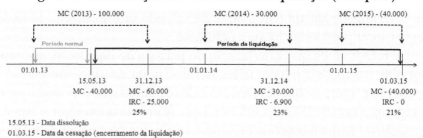

Assim, como podemos observar, e no que se refere à aplicação do disposto no artº 79º do CIRC, a sociedade A entrega: declaração (obrigatória) referente ao exercício de 2011 (no exemplo 1) e ao exercício de 2013 (no exemplo 2), devendo, porém, possuir elementos que permitam a separação e controle do disposto nas alíneas *a)* e *c)* do nº 2 do artº 79º do CIRC, nomeadamente no que se refere ao período normal, antes da data da dissolução; declaração (obrigatória) referente ao exercício de 2012 (no exemplo 1) e ao exercício de 2014 (no exemplo 2); declaração (obrigatória), referente ao período de 01.01.13 a 01.03.13 (declaração do período de cessação, no exemplo 1) ou referente ao período de 01.01.15 a 01.03.15

(declaração do período de cessação, no exemplo 2); declaração (facultativa), referente ao período de 01.05.11 a 01.03.13 (declaração do período de liquidação, no exemplo 1) ou referente ao período de 01.05.13 a 01.03.15 (declaração do período de liquidação, no exemplo 2).

Na declaração do período de liquidação (declaração facultativa), a determinação da matéria coletável e cálculo do imposto fazem-se do seguinte modo, no exemplo 1.

Figura 15 – Cálculo do IRC na declaração do período da liquidação (exemplo 1)

Matéria Coletável	Cálculo do imposto	
2011 100.000	IRC total (entrega DM22 obrigatórias)	
2012 30.000	25.000+7.500+0 =	32.500
2013 -40.000	IRC (entrega DM22 período da liquidação)	
90.000	25% x 40.000 + 25% [60.000 + 30.000 + (40.000)] =	22.500
	IRC a recuperar	10.000

No exemplo 2, na declaração do período de liquidação (facultativa), a determinação da matéria coletável e cálculo do imposto apresenta-se na figura 16.

Figura 16 – Cálculo do IRC na declaração do período da liquidação (exemplo 2)

Matéria Coletável	Cálculo do imposto	
2013 100.000	IRC total (entrega DM22 obrigatórias)	
2014 30.000	25.000+6.900+0 =	31.900
2015 -40.000	IRC (entrega DM22 período da liquidação)	
90.000	25% x 40.000 + 21% [60.000 + 30.000 + (40.000)] =	20.500
	IRC a recuperar	11.400

Na comparação entre os dois exemplos podemos observar que a entrega da declaração do período de liquidação só é vantajosa porque além do facto de o período da liquidação não ser superior a 2 anos, existe redução de taxa de IRC.

Evidenciamos contudo que, na prática, relativamente às sociedades insolventes, a entrega da declaração modelo 22 do período da liquidação (declaração facultativa) não acontece, e são entregues apenas, anualmente, as declarações com referência aos períodos da liquidação e depois com referência ao período da cessação (declarações obrigatórias), nomeadamente nas situações previstas na Circular nº 10/2015, quando não seja deliberado o encerramento de estabelecimento compreendido na massa insolvente e se verifique a existência de qualquer facto tributário sujeito a IRC.

Na determinação do resultado da liquidação, havendo partilha dos bens patrimoniais pelos sócios, situação que não acontece no processo de insolvência, considera-se como valor de realização o respetivo valor de mercado (artº 80º do CIRC). Quanto ao resultado da partilha, englobado para efeitos de tributação dos sócios no exercício em que for posto à sua disposição, é dado pelo valor atribuído a cada um deles abatido do valor de aquisição das correspondentes partes sociais e de outros instrumentos de capital próprio (nº 1 do artº 81º do CIRC). Para efeitos de tributação da diferença, devemos atender ao nº 2 do artº 81º do CIRC em que a diferença positiva, é considerada como mais-valia e a diferença negativa, é considerada como menos-valia, dedutível pelo montante que exceder a soma dos prejuízos fiscais deduzidos no âmbito da aplicação do regime especial de tributação dos grupos de sociedades e dos lucros e reservas distribuídos pela sociedade liquidada que tenham beneficiado do disposto no art.51º do CIRC.[118]

No artº 106º, relativamente ao Pagamento Especial por Conta, o CIRC refere que as sociedades que se encontrem com processos no âmbito do CIRE, a partir da data de instauração desse processo, ficam dispensadas de efetuar o seu pagamento.[119]

Com a Lei Lei nº 2/2014 de 16 de janeiro, foi aditado o artº 86º-A, que se refere à opção do regime simplificado de tributação da matéria

---

[118] Com a reforma do IRC, e a publicação da Lei nº 2/2014 de 16 de janeiro, com a correspondente harmonização das regras do IRS e do IRC, o resultado associado às partilhas decorrentes da dissolução de sociedades deixou de poder ser qualificado como rendimento de capitais, apurando-se apenas mais-valias ou menos-valias. Anote-se que até 31.12.2013, em resultado da partilha decorrente da dissolução de sociedades, a diferença entre o valor recebido pelos sócios e o custo de aquisição das partes sociais qualificava-se como rendimento de capitais e/ou mais ou menos-valias.

[119] Artº 106º, CIRC – Pagamento Especial por Conta – "1 – Sem prejuízo do disposto na alínea a) do nº 1 do artigo 104º, os sujeitos passivos aí mencionados ficam sujeitos a um pagamento especial por conta, a efetuar durante o mês de Março ou em duas prestações, durante os meses de Março e Outubro do ano a que respeita ou, no caso de adotarem um período de tributação não coincidente com o ano civil, nos 3º e 10º meses do período de tributação respetivo". (...).

coletável – regime de determinação da matéria coletável e não de lucro tributável (como anteriormente).[120]

Ainda que só fiquem abrangidos pelo regime simplificado os sujeitos passivos que exercerem a opção pelo mesmo, e que nos pareça à partida que, estejam criadas as condições para que não se assista, como no passado, ao aumento de empresas inativas e "distraídas" no regime[121], se a opção for exercida e no mesmo ano a empresa for declarada insolvente, prevemos que possam existir alguns problemas. Não podemos esquecer que o artº 86º -B do CIRC define que a matéria coletável apurada no regime simplificado não pode ser inferior a 60 % do valor anual da retribuição mensal mínima garantida, situação que não existe relativamente ao PEC, quando uma sociedade é declarada insolvente.

Da leitura dos artigos 117º a 125º resulta, para as pessoas coletivas em liquidação, o cumprimento de obrigações em sede de IRC, designadamente proceder à liquidação e ao pagamento do imposto (nos termos previstos na alínea *a*) do artigo 89º e no nº 1 do artigo 104º), bem como cumprir as diversas obrigações declarativas. No caso das sociedades insolventes, é da responsabilidade do administrador da insolvência, conforme decorre expressamente do nº 10 do artigo 117º, nomeadamente a entrega da declaração periódica de rendimentos (artº 120º do CIRC), e da declaração anual de informação contabilística e fiscal (artº 121º do CIRC).

De referir também que a AT considera que, nas situações previstas na Circular nº 10/2015, mesmo sendo deliberado o encerramento de estabe-

---

[120] Artº 86º- A, CIRC – Âmbito de aplicação – "1 – Podem optar pelo regime simplificado de determinação da matéria coletável, os sujeitos passivos residentes, não isentos nem sujeitos a um regime especial de tributação, que exerçam a título principal uma atividade de natureza comercial, industrial ou agrícola e que verifiquem, cumulativamente, as seguintes condições: a) Tenham obtido, no período de tributação imediatamente anterior, um montante anual ilíquido de rendimentos não superior a € 200 000; b) O total do seu balanço relativo ao período de tributação imediatamente anterior não exceda € 500 000; c) Não estejam legalmente obrigados à revisão legal das contas; d) O respetivo capital social não seja detido em mais de 20%, direta ou indiretamente, nos termos do nº 6 do artigo 69º, por entidades que não preencham alguma das condições previstas nas alíneas anteriores, exceto quando sejam sociedades de capital de risco ou investidores de capital de risco; e) Adotem o regime de normalização contabilística para microentidades aprovado pelo Decreto-Lei nº 36-A/2011, de 9 de março; f) Não tenham renunciado à aplicação do regime nos três anos anteriores, com referência à data em que se inicia a aplicação do regime".(...)

[121] Artº 58º, CIRC – Regime simplificado de determinação do lucro tributável – Revogado pela Lei nº 3-B/2010, de 28 de Abril – OE.

lecimento compreendido na massa insolvente, mas se se verificar a existência de qualquer facto tributário sujeito a IRC, a sociedade insolvente não fica dispensada da entrega da declaração periódica de rendimentos. Mais ainda, mesmo que tenha sido cessada a atividade da sociedade insolvente nos termos do nº 3 do artº 65º do CIRE, não há qualquer exclusão legal referente à entrega da declaração anual de informação contabilística e fiscal, pois a mesma "para além de permitir o cumprimento da obrigação fiscal prevista no CIRC, integra em simultâneo o registo da prestação de contas exigível ao nível do Registo Comercial e informações para fins estatísticos requeridas pelo Instituto Nacional de Estatística (INE) e pelo Banco de Portugal (BdP)."

No processo de insolvência há ainda outros temas que geram alguma discussão.

Segundo OLIVEIRA (2013) a insolvência nos grupos de sociedades é um tema interessante tanto no plano da investigação teórica como no plano prático. A autora afirma que é costume dizer-se que "nos grupos tudo é diferente, tudo é mais complicado".[122]

Assim, de seguida, nesta secção, pretendemos analisar o regime fiscal da insolvência nos grupos de sociedades.

2.4. A tributação dos grupos de sociedades na insolvência

Para a análise do regime fiscal dos grupos de sociedades na insolvência começaremos, em primeiro lugar, por definir muito brevemente o conceito de grupos, nos termos do CSC, do SNC, do CIRC e do CIRE. Em segundo lugar, falaremos das condições de acesso ao Regime Especial de Tributação dos Grupos de Sociedades (RETGS). Em terceiro e último lugar, abordaremos as principais questões da tributação dos grupos de sociedades na insolvência.

2.4.1. O conceito de grupos de sociedades e a insolvência nos grupos empresariais

Nos últimos anos, segundo SILVA (2007) temos vindo a assistir a um fenómeno muito importante que é a globalização das economias, que tem

---

[122] OLIVEIRA, Ana Perestrelo (2013), "Insolvência nas sociedades em relação de grupo: de novo pela consolidação substantiva das massas patrimoniais", *I Congresso de Direito da Insolvência*, Coimbra, Almedina, in *http://books.google.pt/books?id=vW2cCg1TQ2YC&printsec=frontcover&h l=pt-PT&source=gbs_ge_summary_r&cad=0#v=onepage&q&f=false*.

conduzido ao crescimento das unidades económicas, no plano nacional e no plano internacional. Este crescimento, para a autora, pode conseguir--se através do próprio desenvolvimento ou pela aquisição de outras empresas. Mas, evidencia, é a "constituição de agrupamentos de empresas mediante a aquisição de unidades económicas ou pela constituição de empresas, que dá origem ao que normalmente se designa por Grupos".[123]

Para RODRIGUES (2006), os grupos de sociedades, enquanto sujeitos económicos e sociais de grande importância no quadro do movimento geral da concentração de empresas que se vive neste século, desempenham um papel-chave e assumem-se como uma "forma revolucionária da moderna organização empresarial".[124]

Importa evidenciar que a lei não atribui personalidade jurídica ao grupo de sociedades, separada e autónoma das sociedades componentes, como sujeito de direito.

ENGRÁCIA ANTUNES (2002; 2014)[125] entende que a estrutura fundamental da empresa de grupo, como forma de organização empresarial, assenta em dois elementos básicos: por um lado, a independência jurídico formal das sociedades agrupadas; por outro lado, a unidade de direção económica do conjunto das sociedades agrupada.

Pois para COUTINHO DE ABREU (1996; 2014)[126] o que caracteriza um grupo, enquanto forma de organização de um conjunto de empresas, é precisamente a unidade económica do todo e a pluralidade jurídica das partes, e o grupo de sociedades não é por isso reconduzível a uma empresa.

Os grupos de sociedades são regulados, de forma geral, no Título VI do CSC – Sociedades Coligadas – que trata de quatro tipos de relações de sociedades coligadas, relações de simples participação, relações de participações recíprocas, relações de domínio e relações de grupo, que

---

[123] SILVA, Sandrina (2007), "Ajustamentos de consolidação decorrentes de transacções comerciais entre empresas industriais pertencentes ao mesmo Grupo económico", *Revisores e Auditores*, Out/Dez 2007, Ordem dos Revisores Oficiais de Contas, in *http://www.oroc.pt/fotos/editor2/Revista/OutDez2007/contabilidade.pdf.*

[124] RODRIGUES, Ana Maria (2006), *O Goodwill nas Contas Consolidadas*, Coimbra, Coimbra Editora, pp. 34.

[125] ENGRÁCIA ANTUNES (2002; 2014), J., *Problemas do Direito das Sociedades*, Coimbra, Almedina, pp. 154-155.

[126] COUTINHO DE ABREU (1996; 2014), *Da Empresarialidade*, Coimbra, Almedina, pp. 256-272.

abrangem as situações de domínio total (inicial ou superveniente), contrato de grupo paritário ou contrato de subordinação.

Nos termos do artigo 486º, nº 1, do CSC, considera-se que duas sociedades estão em relação de domínio quando uma delas (a sociedade dominante) pode exercer, diretamente ou por sociedades ou pessoas que preencham os requisitos do artigo 483º, nº 2, do CSC, sobre a outra (a sociedade dependente), uma influência dominante, presumindo-se a existência desta influência dominante nos casos em que a sociedade dominante, direta ou indiretamente, detém uma participação maioritária no capital, dispõe de mais de metade dos votos ou tem a possibilidade de designar mais de metade dos membros do órgão de administração ou do órgão de fiscalização da sociedade dominada.

As relações de grupo por domínio total (inicial ou superveniente) estão previstas nos artigos 488º e 489º do CSC.

Com a aprovação do Sistema de Normalização Contabilística (SNC) verificaram-se algumas alterações significativas nomeadamente no que toca à forma mais precisa e detalhada com que as Normas Contabilísticas e de Relato Financeiro (NCRF) apresentam e definem os conceitos necessários à compreensão do tema dos grupos empresariais. Na nossa análise, relevam os conceitos constantes da NCRF 14 – Concentrações de Atividades Empresariais.[127]

Importa então definir esses conceitos gerais.

Uma *concentração de atividades empresariais* é a junção de entidades ou atividades empresariais separadas numa única entidade que relata. A concentração de atividades empresariais envolvendo entidades ou atividades empresariais sob *controlo comum*, é uma concentração de atividades empresariais em que todas as entidades ou atividades empresariais concentradas são em última análise controladas pela mesma parte ou partes antes e após a concentração, sendo que o controlo não é transitório. A *Empresa – mãe* é uma entidade que detém uma ou mais subsidiárias. A *Subsidiária* é uma entidade (aqui se incluindo entidades não constituídas em forma de sociedade, como por exemplo as parcerias) que é controlada por uma outra entidade (designada por empresa – mãe). *Controlo* é o poder de gerir as políticas financeiras e operacionais de uma entidade ou de uma atividade económica a fim de obter benefícios da mesma.

---

[127] NCRF 14 – Concentrações de Atividades Empresariais, Aviso 8256/2015.

Deve presumir-se que uma entidade concentrada obtém o controlo de outra entidade concentrada quando adquire mais de metade dos direitos de voto da outra entidade, a menos que seja possível demonstrar que essa propriedade não constitui controlo.

Mesmo que uma das entidades concentradas não adquira mais de metade dos direitos de voto de outra entidade concentrada, ela pode ter obtido o controlo da outra entidade se, como resultado da concentração, ela obtiver, poder sobre mais de metade dos direitos de voto da outra entidade em virtude de um acordo com outros investidores; ou poder para gerir as políticas financeiras e operacionais da outra entidade segundo uma cláusula estatutária ou um acordo; ou poder para nomear ou demitir a maioria dos membros do órgão de gestão da outra entidade; ou poder de agrupar a maioria de votos nas reuniões do órgão de gestão da outra entidade.

O CIRE não contém um conceito específico de grupo de sociedades, remetendo para a definição nos termos do CSC, quando no seu artº 86º refere as sociedades comerciais entre as quais se verifiquem relações de domínio ou de grupo.

Na legislação fiscal, e nos termos do nº 2 do artº 69º do CIRC, existe um grupo de sociedades quando uma sociedade, dita dominante, detém, direta ou indiretamente, pelo menos, 75 % do capital de outra ou outras sociedades ditas dominadas, desde que tal participação lhe confira mais de 50 % dos direitos de voto.

O nº 6 do artº 69º do CIRC define que quando a participação ou os direitos de voto são detidos de forma indireta, a percentagem efetiva da participação ou de direitos de voto é obtida pelo processo da multiplicação sucessiva das percentagens de participação e dos direitos de voto em cada um dos níveis e, havendo participações ou direitos de voto numa sociedade detidos de forma direta e indireta, a percentagem efetiva de participação ou de direitos de voto resulta da soma das percentagens das participações ou dos direitos de voto.

Na figura seguinte apresentamos resumidamente os diversos conceitos abordados nesta secção.

Figura 17 – Conceitos de grupos de sociedades

CSC	SNC	CIRC	CIRE
Duas sociedades estão em relação de domínio quando uma delas (a sociedade dominante) pode exercer, diretamente ou por sociedades ou pessoas que preencham os requisitos do artigo 483º, nº 2, do CSC, sobre a outra (a sociedade dependente), uma influência dominante. Presume-se a existência de influência dominante nos casos em que a sociedade dominante, direta ou indiretamente: a) detém uma participação maioritária no capital; b) dispõe de mais de metade dos votos ou c) tem a possibilidade de designar mais de metade dos membros do órgão de administração ou do órgão de fiscalização da sociedade dominada.	NCFR 14 – Concentrações de atividades empresariais O resultado de quase todas as concentrações de atividades empresariais é que uma entidade, a adquirente, obtém o controlo de uma ou mais atividades empresariais diferentes, as adquiridas. Se uma entidade obtiver o controlo de uma ou mais entidades que não sejam atividades empresariais, a junção dessas entidades não é uma concentração de atividades empresariais. Deve presumir-se que uma entidade concentrada obteve o controlo de outra entidade concentrada quando adquire mais de metade dos direitos de voto da outra entidade, a menos que seja possível demonstrar que essa propriedade não constitui controlo. Mesmo que uma das entidades concentradas não adquira mais de metade dos direitos de voto de outra entidade concentrada, ela pode ter obtido o controlo da outra entidade se, como resultado da concentração, ela obtiver: a) poder sobre mais de metade dos direitos de voto da outra entidade em virtude de um acordo com outros investidores; ou b) poder para gerir as políticas financeiras e operacionais da outra entidade segundo uma cláusula estatutária ou um acordo; ou c) poder para nomear ou demitir a maioria dos membros do órgão de gestão da outra entidade; ou d) poder de agrupar a maioria de votos nas reuniões do órgão de gestão da outra entidade.	Nos termos do nº 2 do artº 69º do CIRC, existe um grupo de sociedades quando uma sociedade, dita dominante, detém, direta ou indiretamente, pelo menos, 75 % do capital de outra ou outras sociedades ditas dominadas, desde que tal participação lhe confira mais de 50 % dos direitos de voto. O nº 6 do artº 69º do CIRC define que quando a participação ou os direitos de voto são detidos de forma indireta, a percentagem efetiva da participação ou de direitos de voto é obtida pelo processo da multiplicação sucessiva das percentagens de participação e dos direitos de voto em cada um dos níveis e, havendo participações ou direitos de voto numa sociedade detidos de forma direta e indireta, a percentagem efetiva de participação ou de direitos de voto resulta da soma das percentagens das participações ou dos direitos de voto.	O CIRE não contém um conceito específico de grupo de sociedades, remetendo para a definição nos termos do CSC, quando no seu artº 86º refere as sociedades comerciais entre as quais se verifiquem relações de domínio ou de grupo.

Antes de abordarmos a temática da tributação, analisaremos seguidamente e, em primeiro lugar, as questões relativas à insolvência nos grupos de sociedades.

O CIRE não contém um regime específico sobre a insolvência no grupo de sociedades, passando a estatuir nos termos do nº 2 do artº 86º, segundo FERNANDES e LABAREDA (2015) um regime particular da apensação do processo de insolvência, quando estejam em causa sociedades comerciais entre as quais se verifiquem, nos termos do CSC, relações de domínio ou de grupo.

Mas também este tema não é consensual, conforme veremos seguidamente.

Para FERNANDES e LABAREDA (2015) declarada a insolvência de uma sociedade comercial, ao respetivo processo são apensados o processo de insolvência de sociedades que ela domine, ou com as quais mantenha uma relação de grupo, e venham a ser posteriormente também julgadas insolventes. Contudo, os autores evidenciam que ainda que apensos, os processos mantêm autonomia formal e substancial e cada um segue os seus próprios termos, proporcionando vantagens como a do não recebimento por nenhum credor de mais do que lhe é devido, sendo o concurso simultâneo às diversas massas insolventes responsáveis pela dívida. [128]

Contrariamente, OLIVEIRA (2013) defende que "o que ocorre no grupo, para o bem e para o mal, é a destruição de fronteiras internas das várias sociedades". Por isso a autora reforça o facto de que a jurisprudência não pode rejeitar a liquidação em conjunto, invocando a personalidade e a autonomia patrimonial de cada sociedade do grupo. Mais, analisa a autora, que se o grupo é unidade, também é simultaneamente, uma "comunidade de risco" e por isso uma "comunidade de responsabilidade".

Assim, para OLIVEIRA (2013) em caso de insolvência quer da sociedade-filha quer da sociedade mãe, e sendo o grupo gerido como um todo, "não é porque determinado credor ter a sorte ou o azar de ser credor da sociedade com mais ou menos património que deve ser beneficiado ou prejudicado por confronto com os restantes", pelo que se "há unidade no

---

[128] FERNANDES, Luís A. Carvalho e LABAREDA, João (2015), *Código da Insolvência e de Recuperação de Empresas Anotado*, 3ª edição, Lisboa, Quid Juris, pp. 430.

grupo devem-se consolidar as massas patrimoniais e deve a sua liquidação ser conjunta".[129]

Evidenciamos que, contudo, não é isso que acontece na prática.

Aliás, é o Acórdão do Tribunal da Relação de Coimbra[130] que vem dizer que a apensação de todos os processos de insolvência de sociedades que se achem em relação de domínio depende de requerimento formulado pelo AI e esse facto não implica uma liquidação conjunta de todo o património das sociedades em relação de domínio.

Acórdão do Tribunal da Relação de Coimbra
Processo 255/10.2T2AVR-E.C1, 18/01/2011

A apensação de todos os processos de insolvência de sociedades que se encontrem em relação de domínio, na previsão do artº 86º, nº 2, do CIRE, depende de requerimento do administrador da insolvência nesse sentido. A apensação dos processos de insolvência não implica uma liquidação conjunta de todo o património das sociedades em relação de domínio.

Para explicarmos melhor esta temática, tomamos como exemplo a relação de grupo tal como podemos observar na figura seguinte.

---

[129] OLIVEIRA, Ana Perestrelo (2013), "Insolvência nas sociedades em relação de grupo: de novo pela consolidação substantiva das massas patrimoniais", *I Congresso de Direito da Insolvência*, Coimbra, Almedina, in *http://books.google.pt/books?id=vW2cCgITQ2YC&printsec=frontcover&h l=pt-PT&source=gbs_ge_summary_r&cad=0#v=onepage&q&f=false.*

[130] MINISTÉRIO DA JUSTIÇA (2010), Tribunal da Relação de Coimbra, Acórdão, Processo nº 255/10.2AVR-B.C1, 18/01/2011 e 27/07/2010, in *http://www.dgsi.pt/jtrc.nsf.*

Figura 18 – Insolvência no grupo de sociedades – relação de domínio total

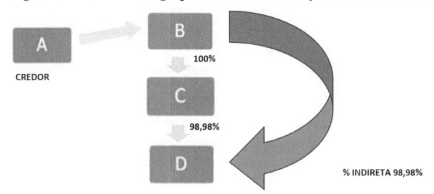

Como podemos constatar, da análise do artº 486º do CSC[131], trata-se de uma relação de grupo, constituída pelo domínio total da sociedade B, dita sociedade dominante.

Consideremos então três hipóteses que definimos para melhor compreensão do tema da insolvência nos grupos empresariais.

Hipótese 1: A sociedade D é declarada insolvente. Pode a sociedade A, credora da sociedade B, em sub-rogação da sociedade B, deduzir embargos à sentença de declaração de insolvência da sociedade D para pedir a transferência de bens da insolvente para o património da sociedade B, para ressarcir os seus créditos?

Hipótese 2: A sociedade C é declarada insolvente. Tem a sociedade B, dita dominante, o dever de assumir as dívidas da sociedade C?

---

[131] Artº 486º, CSC – Sociedades em relação de domínio: "1 – Considera-se que duas sociedades estão em relação de domínio quando uma delas, dita dominante, pode exercer, diretamente ou por sociedades ou pessoas que preencham os requisitos indicados no artigo 483º, nº 2, sobre a outra, dita dependente, uma influência dominante. 2 – Presume-se que uma sociedade é dependente de uma outra se esta, direta ou indiretamente: a) Detém uma participação maioritária no capital; b) Dispõe de mais de metade dos votos; c) Tem a possibilidade de designar mais de metade dos membros do órgão de administração ou do órgão de fiscalização. 3 – Sempre que a lei imponha a publicação ou declaração de participações, deve ser mencionado, tanto pela sociedade presumivelmente dominante, como pela sociedade presumivelmente dependente, se se verifica alguma das situações referidas nas alíneas do nº 2 deste artigo".

Hipótese 3: A sociedade B é declarada insolvente. Tem a sociedade B, enquanto sociedade dominante, o direito de dar à administração das sociedades subordinadas, C e D, instruções vinculantes, nomeadamente no que se refere a determinar a transferência de bens do ativo, para liquidar as suas obrigações?

Analisando a primeira hipótese, poder-se ia à partida julgar que seria possível a sociedade A deduzir embargos à sentença de declaração de insolvência da sociedade D para pedir a transferência de bens da insolvente para o património da sociedade B, para ressarcir os seus créditos. Mas vejamos.

Atendendo à leitura dos Acórdãos do Tribunal da Relação de Coimbra[132] verificamos três situações distintas.

Em primeiro lugar, é preciso ter em conta que o direito da sociedade dominante determinar a transferência de bens para o seu património, nos termos do art° 503° do CSC[133], não configura um direito de crédito suscetível de sub-rogação, mas antes um ato inserido nos poderes de administração da empresa, pertencente exclusivamente ao órgão de administração da sociedade dominante. Assim, o credor *per si* não pode decidir a transferência de ativos para a sociedade dominante.

---

[132] MINISTÉRIO DA JUSTIÇA (2010), Tribunal da Relação de Coimbra, Acórdão, Processo n° 255/10.2AVR-B.Cl, 27/07/2010, e Acórdão, Processo n° 213/10.7AVR-A.Cl, 07/09/2010 in *http://www.dgsi.pt/jtrc.nsf.*

[133] Art° 503°, CSC – Direito de dar instruções – "1 – A partir da publicação do contrato de subordinação, a sociedade diretora tem o direito de dar à administração da sociedade subordinada instruções vinculantes. 2 – Se o contrato não dispuser o contrário, podem ser dadas instruções desvantajosas para a sociedade subordinada, se tais instruções servirem os interesses da sociedade diretora ou das outras sociedades do mesmo grupo. Em caso algum serão lícitas instruções para a prática de atos que em si mesmos sejam proibidos por disposições legais não respeitantes ao funcionamento de sociedades. 3 – Se forem dadas instruções para a administração da sociedade subordinada efetuar um negócio que, por lei ou pelo contrato de sociedade, dependa de parecer ou consentimento de outro órgão da sociedade subordinada e este não for dado, devem as instruções ser acatadas se, verificado a recusa, elas forem repetidas, acompanhadas do consentimento ou parecer favorável do órgão correspondente da sociedade diretora, caso esta o tenha. 4 – É proibido à sociedade diretora determinar a transferência de bens do ativo da sociedade subordinada para outras sociedades do grupo sem justa contrapartida, a não ser no caso do artigo 502°".

> **Acórdão do Tribunal da Relação de Coimbra**
> **Processo 213/10.7AVR-A.C1, 07/09/2010**
>
> O direito da sociedade dominante determinar a transferência de bens da insolvente para o seu património (artº 503º CSC), não configura um direito de crédito, suscetível de sub-rogação, mas antes um ato inserido nos poderes de administração da empresa, pertencente exclusivamente ao órgão de administração da sociedade dominante. Qualquer que fosse o direito da sociedade dominante, ele não seria exercitado através dos presentes embargos, já que estes apenas conduziriam à revogação da sentença declaratória de insolvência, o que por si só é insuscetível de conduzir a um qualquer aumento do ativo ou à redução do passivo da sociedade dominante e, por isso, insuscetível de reverter em benefício dos credores da sociedade dominante. Para tanto seria necessário um ato da administração da sociedade dominante sendo que, no exercício desta e conforme já referido, não pode a embargante substituir-se àquela por via de qualquer ação de sub-rogação pois que tanto violaria o princípio do exercício pessoal do cargo que recai sobre os administradores.

Em segundo lugar, tendo em conta que os embargos conduzem à revogação da sentença declaratória de insolvência, e se atendermos ao disposto no nº 1 do artº 40ºdo CIRE[134], que postula os sujeitos com legitimidade para embargar a sentença declaratória de insolvência[135], observamos que a sociedade A não é um desses sujeitos, relativamente à sociedade D, já que não é sua credora, mas sim da sociedade B, logo não pode deduzir embargos à sentença de declaração de insolvência de D.

---

[134] Artº 40º, CIRE – Oposição de embargos: "1 – Podem opor embargos à sentença declaratória da insolvência: a) O devedor em situação de revelia absoluta, se não tiver sido pessoalmente citado; b) O cônjuge, os ascendentes ou descendentes e os afins em 1º grau da linha reta da pessoa singular considerada insolvente, no caso de a declaração de insolvência se fundar na fuga do devedor relacionada com a sua falta de liquidez; c) O cônjuge, herdeiro, legatário ou representante do devedor, quando o falecimento tenha ocorrido antes de findo o prazo para a oposição por embargos que ao devedor fosse lícito deduzir, nos termos da alínea a); d) Qualquer credor que como tal se legitime; e) Os responsáveis legais pelas dívidas do insolvente; f) Os sócios, associados ou membros do devedor".

[135] A sentença declaratória da insolvência pode ser impugnada alternativa ou cumulativamente através de embargos (artº 40 CIRE) e do recurso (art.42º CIRE).

> **Acórdão do Tribunal da Relação de Coimbra**
> **Processo 213/10.7AVR-A.C1, 07/09/2010**
>
> O artº 40 nº 1 do CIRE postula os sujeitos com legitimidade para embargar a sentença declaratória de insolvência. Não sendo a embargante um dos sujeitos aí elencados, designadamente, credora da insolvente, discute-se a questão se saber se o direito de embargar pode ser exercitado aqui por via da sub--rogação, prevista no art. 606 do CC. Os embargos à sentença declaratória de insolvência não são meio adequado para neles se exercer a ação sub-rogatória, prevista no artº 606º do CC.

Em terceiro e último lugar, a sociedade A é credora da sociedade B; ainda que esta seja dominante, não confere à sociedade A qualquer direito sobre D, já que à responsabilidade da sociedade dominante pelas obrigações da sociedade dominada, nos termos do artº 501º CSC[136], não corresponde o reverso de uma qualquer responsabilidade da sociedade dominada pelas obrigações da sociedade dominante, mesmo quando tal situação não está integrada num processo de insolvência.

> **Acórdão do Tribunal da Relação de Coimbra**
> **Processo 255/10.2T2AVR-B.C1, 27/07/2010**
>
> À responsabilidade da sociedade dominante pelas obrigações da sociedade dominada, nos termos previstos no artº 501º do CSC, "preço"/contrapartida pago pelo domínio sobre as sociedades dominadas, não corresponde o reverso de uma qualquer responsabilidade da sociedade dominada pelas obrigações da sociedade dominante.

Analisando a segunda hipótese e se considerarmos então a sociedade C insolvente, terá a sociedade B, dita dominante, o dever de assumir as dívidas da sociedade C?

Se atendermos novamente ao disposto no artº 501º do CSC poder-se--ia pensar em responder afirmativamente à questão. Mas, de imediato, a

---

[136] Artigo 501º, CSC – Responsabilidade para com os credores da sociedade subordinada – "1 – A sociedade diretora é responsável pelas obrigações da sociedade subordinada, constituídas antes ou depois da celebração do contrato de subordinação, até ao termo deste".

pergunta que se coloca é se esta responsabilidade se prolonga no processo de insolvência.

A justificação a esta questão é dada pelo Tribunal da Relação de Coimbra[137] que evidencia um princípio fundamental que é personalidade jurídica distinta de cada uma das sociedades. Assim, se a sociedade dominada é declarada insolvente, ainda que em relação de domínio total, a sociedade dominante não tem que se responsabilizar pelas dívidas no processo de insolvência da sociedade dominada.

Acórdão do Tribunal da Relação de Coimbra
Processo 255/10.2T2AVR-B.C1, 27/07/2010

Na verdade, ainda que viesse a efetivar-se a apensação das ações de insolvência, tal não significaria, como é pretendido pela recorrente, uma liquidação conjunta de todos o património das sociedades em relação de domínio, pois que a tanto obstaria a personalidade jurídica distinta de cada uma das sociedades em causa.

Para concluir a nossa análise, na terceira e última hipótese, tem a sociedade B, enquanto sociedade dominante, o direito de dar à administração das sociedades subordinadas, C e D, instruções vinculantes, nomeadamente no que se refere a determinar a transferência de bens do ativo, para liquidar as suas obrigações? Faz sentido?

Atendendo ao Acórdão do Tribunal da Relação de Coimbra[138], como a sociedade B é a sociedade dominante, a sua declaração de insolvência implica a cessação de relação de grupo nos termos do nº 1, alínea e) do artº 141º [139], e do nº 4, alínea b), do artº 489º [140] do CSC e a consequente impossibilidade dela dispor do património das suas participadas e de emitir as instruções vinculantes, no que se refere a transferência de património.

---

[137] MINISTÉRIO DA JUSTIÇA (2010), Tribunal da Relação de Coimbra, Acórdão, Processo nº 255/10.2AVR-B.C1, 27/07/2010, in *http://www.dgsi.pt/jtrc.nsf.*

[138] MINISTÉRIO DA JUSTIÇA (2010), Tribunal da Relação de Coimbra, Acórdão, Processo nº 213/10.7AVR-A.C1, 07/09/2010 in *http://www.dgsi.pt/jtrc.nsf.*

[139] Artº 141º, CSC – Casos de dissolução imediata: "1 – A sociedade dissolve-se nos casos previstos no contrato e ainda: (...) e) Pela declaração de insolvência da sociedade".

[140] Artº 489º, CSC – Domínio total superveniente – "(...) 4 -A relação de grupo termina: (....) b) Se a sociedade dominante for dissolvida; (...).

No entanto, mesmo que tal fosse possível, o Acórdão evidencia que às transferências patrimoniais tem que se impor o respeito pelos limites da própria sobrevivência económica das sociedades dependentes.

Acórdão do Tribunal da Relação de Coimbra
Processo 213/10.7AVR-A.C1, 07/09/2010

Verifica-se, antes de mais, que também a B, sociedade dominante, foi declarada insolvente, o que implica a cessação da relação de grupo (arts. 489 nº 4 b) e 141 nº 1 e) do CSC) e a consequente impossibilidade dela dispor do património das suas participadas e de emitir as "instruções vinculantes".

Terminada que está a nossa breve abordagem às diversas definições de grupos de sociedades e à insolvência nos grupos empresariais, importa agora efetuarmos uma breve análise do Regime Especial Fiscal de Tributação dos Grupos de Sociedades (RETGS).

2.4.2. Condições de acesso ao Regime Especial de Tributação dos Grupos de Sociedades (RETGS)

Para AVELÃS NUNES (2001)[141] os sistemas fiscais prosseguem hoje, e cada vez mais, outros fins que não os estritamente fiscais, nomeadamente objetivos de incentivo à atividade económica em geral e à atividade empresarial em particular, apoiando a reestruturação e desenvolvimento das unidades produtivas, com vista a permitir-lhes sobreviver num mercado cada vez mais concorrencial e global. E é neste quadro que deve ser entendida a consagração do regime fiscal para os grupos de sociedades, enquanto instrumento de apoio à reestruturação das empresas e de promoção da competitividade.[142]

---

[141] AVELÃS NUNES, Gonçalo N. C. A. (2001), *Tributação dos grupos de sociedades pelo lucro consolidado em sede de IRC: contributo para um novo enquadramento dogmático e legal do seu regime*, Coimbra, Almedina, pp. 55.

[142] Preâmbulo do Decreto-Lei nº 442-B/88, de 30 de Novembro: um dos vetores da reforma do IRC assentou na necessidade de pela via da tributação não se criarem dificuldades à inserção de um apequena economia aberta, como a portuguesa, no quadro de um mercado caracterizado por elevados níveis de concorrência, o que levou à consideração, em especial, dos sistemas de tributação vigentes nos países da CEE.

O SISTEMA FISCAL PORTUGUÊS NA INSOLVÊNCIA

Genericamente, como evidencia OLIVEIRA (2013) o Regime Especial de Tributação dos Grupos de Sociedades (RETGS) consubstancia-se numa lógica de tributação agregada segundo a qual um determinado grupo de sociedades é tributado, para efeitos de IRC, pelo seu resultado agregado, como se de uma só entidade se tratasse.[143]

O RETGS é regulado nos termos dos artº 69º a 71º do CIRC[144].

A sociedade dominante pode optar pela aplicação do regime especial de determinação da matéria coletável em relação a todas as sociedades do grupo, sendo por isso o RETGS um regime opcional. No entanto, a sociedade dominante, que o decida adotar, tem que cumprir os requisitos constantes do nº 3 do artº 69º do CIRC, seguidamente enunciados.

A opção pela aplicação do regime especial de tributação dos grupos de sociedades só pode ser formulada quando se verifiquem cumulativamente os seguintes requisitos: as sociedades pertencentes ao grupo têm todas sede e direção efetiva em território português e a totalidade dos seus rendimentos está sujeita ao regime geral de tributação em IRC, à taxa normal mais elevada; a sociedade dominante detém a participação na sociedade dominada há mais de um ano, com referência à data em que se inicia a aplicação do regime; a sociedade dominante não é considerada dominada de nenhuma outra sociedade residente em território português que reúna os requisitos para ser qualificada como dominante; a sociedade dominante não tenha renunciado à aplicação do regime nos três anos anteriores, com referência à data em que se inicia a aplicação do regime.

Assim, no que diz respeito ao RETGS, MALHEIRO (2007)[145] evidencia que o atual RETGS, anteriormente designado por Regime de Tributação

---

[143] OLIVEIRA, J.M.G. (2013), "O Regime Especial de Tributação dos Grupos de Sociedades", Centro de Investigação Jurídico Económica, Faculdade de Direito, Universidade do Porto, Curso de Especialização em Direito Fiscal, VI Edição, in *http://www.cije.up.pt/publications/o-regime-especial-de-tributa%C3%A7%C3%A3o-dos-grupos-de-sociedades.*

[144] Artigos republicados pelo Decreto-Lei nº 159/2009, de 13 de Julho, aplicável aos períodos que se iniciem em, ou após, 1 de Janeiro de 2010, alterados pela Lei nº 2/2014, de 16 de janeiro, retificados pela Declaração de Retificação nº 18/2014, de 13 de março, alterados pela Lei nº 82-C/2014, de 31 de dezembro e pela Lei nº 7-A/2016, de 30 de março.

[145] MALHEIRO, Maria Manuela Alves (2007), "Tributação especial dos grupos de sociedades", Braga, SROC – Temas de Contabilidade, Fiscalidade, Auditoria e Direito das Sociedades, Joaquim Guimarães, Manuela Malheiro e Mário Guimarães SROC, in *http://www.jmmsroc.pt/index.php?option=com_content&task=view&id=464&Itemid=60.*

dos Grupos de Empresas pelo Lucro Consolidado (RTLC)[146], traduz-se na determinação do lucro tributável do grupo com base na soma algébrica dos lucros e prejuízos fiscais apurados na declaração periódica de cada uma das sociedades que o integram, corrigido da parte dos lucros distribuídos entre as empresas[147].

Para Saldanha Sanches (2007)[148] o RETGS que se encontra previsto no artº 69º do CIRC[149] baseia-se na soma algébrica dos lucros tributáveis e prejuízos fiscais individuais do perímetro, num grupo de sociedades, para que as que têm créditos fiscais possam cedê-los às empresas do grupo que têm ganhos, de modo a reduzir os impostos pagos por estas.

Veremos de seguida a importância da aplicação deste regime, no que diz respeito à tributação na insolvência dos grupos de sociedades.

2.4.3. Análise do regime fiscal da tributação dos grupos em insolvência
Quando abordamos a temática da tributação da insolvência nos grupos de sociedades, devemos atender a duas situações, à primeira, a insolvência propriamente dita, quando há sentença de declaração de insolvência, nos termos do artº 36º do CIRE, e à segunda, quando exista PER, definido nos termos do artº 17º-A do CIRE.

Em qualquer dos casos, a entidade encontra-se numa fase especial do seu percurso, na qual existem limites de várias ordens, tanto para a própria e seus administradores, como para os credores quanto ao exercício do

---

[146] Introduzido pelo Decreto-Lei nº 414/87 de 31 de dezembro.

[147] Artº 70º, CIRC – Determinação do lucro tributável do grupo: "1- Relativamente a cada um dos períodos de tributação abrangidos pela aplicação do regime especial, o lucro tributável do grupo é calculado pela sociedade dominante, através da soma algébrica dos lucros tributáveis e dos prejuízos fiscais apurados nas declarações periódicas individuais de cada uma das sociedades pertencentes ao grupo, corrigido, sendo caso disso, do efeito da aplicação da opção prevista no nº 5 do artigo 67º ".

[148] Saldanha Sanches, J.L. (2007), Manual de Direito Fiscal, 3ª edição, Coimbra, Coimbra Editora, pp. 362.

[149] Artº 69º do CIRC – Âmbito e condições de aplicação (Regime especial de tributação dos grupos de sociedades): "1 – Existindo um grupo de sociedades, a sociedade dominante pode optar pela aplicação do regime especial de determinação da matéria coletável em relação a todas as sociedades do grupo. 2 – Existe um grupo de sociedades quando uma sociedade, dita dominante, detém, direta ou indiretamente, pelo menos, 75% do capital de outra ou outras sociedades ditas dominadas, desde que tal participação lhe confira mais de 50% dos direitos de voto. (...)"

seu direito de cobrar, e que, conforme veremos, afeta a relação de grupo empresarial.

Além das questões já evidenciadas na secção com referência ao CIRC, consideremos que determinado grupo de sociedades havia optado pela tributação do RETGS e que posteriormente teria sido instaurado algum processo de insolvência.

Que implicações há do ponto de vista fiscal?

Segundo a AT (2013)[150] no grupo de sociedades tributado pelo RETGS pretende-se que haja uma homogeneidade na condição das sociedades que o formam. A sociedade dominante deve exercer a sua ação sobre as restantes sem que esteja limitada por qualquer situação dita anómala e aquelas devem estar no exercício da sua atividade normal.

Nos termos da alínea b) do nº 4 do artigo 69º do Código do IRC, não podem fazer parte do grupo as sociedades contra quem, no início ou durante a aplicação do regime, tenha sido instaurado processo especial de recuperação ou de falência em que haja sido proferido despacho de prosseguimento da ação. Esta norma de exclusão foi introduzida no então artigo 59º (mais tarde, artigo 63º, e só atualmente, artigo 69º do Código do IRC) pela Lei nº 30-G/2000, de 29 de Dezembro. Vigorava, na altura, o CPEREF, aprovado pelo Dec. Lei nº 132/93, de 23 de abril, que veio a ser revogado pelo artigo 10º do Dec. Lei nº 53/2004, de 18 de Março, o qual também aprovou o CIRE.

Aplica-se então esta alínea aos processos que estão abrangidos pelo CIRE?

A AT (2013)[151] entende que, não obstante as grandes alterações ocorridas no regime da falência, insolvência e recuperação de empresas, a redação da alínea b) do nº 4 do artigo 69º do Código do IRC manteve-se inalterada desde a sua introdução e, por isso, há que interpretá-la de acordo com a terminologia e espírito do regime atual, mantendo, no entanto, o sentido que a motivou.

---

[150] Conforme se extrai da leitura da Informação Vinculativa, Processo 4209/2012 da Autoridade Tributária e Aduaneira. Ministério das Finanças e da Administração Pública (2013), Informação Vinculativa, Processo 4209/2012 de 21/01/2013, in *info.portaldasfinancas. gov.pt/NR/.../Ficha_dout_2012_4209%20A.pdf.*

[151] Conforme se extrai da leitura da Informação Vinculativa, Processo 4209/2012 da Autoridade Tributária e Aduaneira. Ministério das Finanças e da Administração Pública (2013), Informação Vinculativa, Processo 4209/2012 de 21/01/2013, in *info.portaldasfinancas. gov.pt/NR/.../Ficha_dout_2012_4209%20A.pdf.*

Contudo, é preciso evidenciar que a referida alínea b) do nº 4 do artigo 69º do Código do IRC não se limita a evocar a instauração dos processos; é, obviamente, necessário que haja sido proferido despacho de prossegui-mento da ação. No que concerne à insolvência, este despacho de prosse-guimento da ação corresponde hoje à declaração de insolvência. No que respeita ao PER, será a decisão do juiz de nomear administrador judicial provisório, nos termos da alínea a) do nº 3 do artigo 17º – C do CIRE, que lhe corresponde.

Para a AT (2013)[152] a alínea b) do nº 4 do artigo 69º do Código do IRC tem então, agora, o seguinte sentido: "não podem fazer parte do grupo de sociedades tributado pelo RETGS, as sociedades que, no início ou durante a aplicação do regime, tenham sido objeto de instauração de processos no âmbito do Código da Insolvência e da Recuperação de Empresas em que haja sido proferida sentença de declaração de insolvência ou, no caso do PER, despacho de nomeação de administrador judicial provisório".

Assim, o conteúdo da alínea b) do nº 4 do artigo 69º do Código do IRC é entendido pela AT como uma norma que exclui do grupo de sociedades tributado pelo RETGS, as sociedades que, no início ou durante a aplicação do regime, tenham sido objeto de instauração de processos no âmbito do Código da Insolvência e da Recuperação de Empresas, incluindo, portanto, o PER.

Para concluir, tendo sido o CIRC recentemente alterado, julgamos, todavia, infundado que não se tenha adequado a terminologia cons-tante do artº 69º do CIRC, quando é o CIRE que está em vigor e não o CPEREF[153], o que, em nossa opinião, pode originar dúvidas na interpre-tação do referido artigo.

Na secção seguinte, iremos analisar o alcance da sujeição tributária de uma sociedade insolvente, no que diz respeito ao IVA na liquidação dos bens apreendidos para a massa insolvente.

---

[152] Conforme se extrai da leitura da Informação Vinculativa, Processo 4209/2012 da Autoridade Tributária e Aduaneira. Ministério das Finanças e da Administração Pública (2013), Informação Vinculativa, Processo 4209/2012 de 21/01/2013, in *info.portaldasfinancas. gov.pt/NR/.../Ficha_dout_2012_4209%20A.pdf.*

[153] Ainda que o mesmo seja aplicável aos processos de recuperação de empresas e de falências pendentes aquando da entrada em vigor do CIRE, até à sua extinção.

3. O regime fiscal da insolvência em sede de Imposto sobre o Valor Acrescentado (IVA)

Tal como já havíamos exposto para efeitos de IRC, a AT (2010) defende que não existe no Código do Imposto sobre o Valor Acrescentado (CIVA) qualquer regime que excecione da incidência do IVA as operações de liquidação no processo de insolvência.[154]

Mas fará sentido?

Concretizemos antes de mais o conceito de sujeito passivo, em sede de IVA.

O 1º capítulo do CIVA inclui a incidência objetiva (ou real)[155], a incidência subjetiva (ou pessoal)[156], a aplicação da lei no espaço (ou incidência territorial ou territorialidade)[157], e a aplicação da lei no tempo (ou incidência temporal ou facto gerador / exigibilidade)[158].

Para a nossa análise importa fundamentalmente discutir os conceitos de incidência.

Da incidência objetiva ou incidência real[159] pode-se concluir-se que as operações sujeitas a IVA são de quatro espécies: operações tributáveis internas: as transmissões de bens[160] e as prestações de serviços[161]; operações tributáveis internacionais: as importações[162] e as operações intracomunitárias.[163]

No que se refere à incidência subjetiva ou incidência pessoal, e nos termos da alínea a), do artº 2º CIVA, verificamos que são sujeitos passivos do imposto, as pessoas singulares ou coletivas que, de um modo independente e com carácter de habitualidade, exerçam atividades de produção, comércio

---

[154] Oposição da AT no processo 9/10.6BCPRT, Tribunal Central Administrativo Norte, disponível em *http://www.apaj.pt/ficheiros/oposicaodaadministracaofiscal.pdf.*

[155] Artsº 1º, 3º, 4º e 5º, CIVA.

[156] Artº 2º, CIVA.

[157] Artº 6º, CIVA.

[158] Artsº 7º e 8º, CIVA.

[159] Artº 1º, CIVA – Incidência objetiva – "1 – Estão sujeitas a imposto sobre o valor acrescentado: a) As transmissões de bens e as prestações de serviços efetuadas no território nacional, a título oneroso, por um sujeito passivo agindo como tal; b) As importações de bens; c) As operações intracomunitárias efetuadas no território nacional, tal como são definidas e reguladas no Regime do IVA nas Transações Intracomunitárias".

[160] Definidas no artº 3º, CIVA.

[161] Tratadas no artº 4º, CIVA.

[162] Definidas no artº 5º, CIVA.

[163] Reguladas pelo Regime do IVA nas Transações Intracomunitárias (RITI).

ou prestação de serviços, incluindo as atividades extrativas, agrícolas e as das profissões livres, e, bem assim, as que, do mesmo modo independente, pratiquem uma só operação tributável, desde que essa operação seja conexa com o exercício das referidas atividades, onde quer que este ocorra, ou quando, independentemente dessa conexão, tal operação preencha os pressupostos de incidência real do imposto sobre o rendimento das pessoas singulares (IRS) ou do imposto sobre o rendimento das pessoas coletivas (IRC).

E é nestes conceitos de incidência e nomeadamente de atividade económica que nos prendemos quando analisamos uma sociedade insolvente.

O CIVA estabelece uma relação entre as normas de incidência real e de incidência pessoal, em que as atividades que constituem o facto tributável só se consideram sujeitas a imposto na medida em que sejam realizadas pelas pessoas que são definidas como sujeitos passivos, o que, por sua vez, é feito com referência ao exercício de uma atividade económica.[164]

Assim, segundo MENDES (2011)[165], e conforme dispõe o nº 1, alínea a) do o artigo 1º do CIVA, estão sujeitas a IVA as transmissões de bens e as prestações de serviços efetuadas no território nacional, a título oneroso, por um sujeito passivo, agindo como tal. Assim, regra geral, para que uma operação esteja sujeita a IVA é necessária a existência de determinados requisitos, nomeadamente que estejamos na presença de uma transmissão de bens ou de uma prestação de serviços e que seja realizada a título oneroso por um sujeito passivo agindo nessa qualidade, bem como a operação deve ser feita em território nacional. Nessa medida, segundo a autora, importa

---

[164] O conceito de atividade económica surge-nos no artigo 9º, nº 1, da Diretiva 2006/112/ CE do Conselho de 28 de novembro de 2006, relativa ao sistema comum do IVA para efeitos da delimitação do conceito de sujeito passivo: "entende-se por *atividade económica* qualquer atividade de produção, de comercialização ou de prestação de serviços, incluindo as atividades extrativas, agrícolas e as das profissões liberais ou equiparadas. É em especial considerada atividade económica a exploração de um bem corpóreo ou incorpóreo com o fim de auferir receitas com carácter de permanência", in *http://europa.eu/legislation_summaries/taxation/ l31057_pt.htm.*

[165] MENDES, Ana Rita (2011), "É possível isentar de IVA uma dação em cumprimento da sociedade aos seus sócios para liquidação da dívida relativa a suprimentos?", in *http://www. carloscanaes.pt/2011/04/17/e-possivel-isentar-de-iva-uma-dacao-em-cumprimento-da-sociedade-aos-seus-socios-para-liquidacao-da-divida-relativa-a-suprimentos/.*

saber o que se entende por sujeito passivo. De igual forma é necessário atender ao significado de transmissão de bens.[166]

Estará então o produto da liquidação dos ativos insolventes sujeito a IVA? A massa insolvente é sujeito passivo de IVA?

No processo de insolvência, a liquidação do património do devedor insolvente refere-se ao exercício de uma atividade económica?

Se ao invés da liquidação da massa insolvente, a assembleia de credores deliberar a manutenção da atividade do estabelecimento, acordando um plano de insolvência, a atividade da empresa pode continuar normalmente; se falarmos de dação em cumprimento e cessão de bens aos credores, são estes atos sujeitos a IVA?

São estas as questões a que nos propomos responder seguidamente.

3.1. A liquidação da massa insolvente em sede de IVA

A AT defende, tal como já havia sido exposto para efeitos de IRC, que a sujeição às normas de incidência fiscal, mesmo em fase de liquidação dos ativos insolventes nada terá de especial à luz dos princípios subjacentes à tributação das sociedades.[167]

Na verdade, não há na legislação qualquer derrogação à liquidação do IVA na gestão da massa insolvente o que faz pressupor, sem qualquer dúvida, que o valor da venda dos ativos insolventes está sujeito a IVA, que deverá ser liquidado, e às taxas previstas, nos termos do CIVA. E o próprio CIRE também em nada exceciona sobre esta matéria. Contudo, fará sentido considerar que a liquidação da massa insolvente refere-se ao exercício de uma atividade económica?

Quando analisamos uma sociedade insolvente, pretendemos analisar no que toca à tributação em sede de IVA se na liquidação dos ativos insolventes estaremos na presença de uma transmissão de bens ou de uma prestação de serviços, realizada a título oneroso por um sujeito passivo, no âmbito de uma atividade económica.

---

[166] Artº 3º, CIVA – Conceito de transmissão de bens: "1 - Considera-se, em geral, transmissão de bens a transferência onerosa de bens corpóreos por forma correspondente ao exercício do direito de propriedade" (...).

[167] Processo 994/10.8BEAVR do Tribunal Central Administrativo do Norte, oposição da Direção de Serviços de Consultoria Jurídica e Contencioso, da Direcção Geral dos Impostos, datada de 10.2010.

Se atendermos à AT[168], quando refere que uma vez declarada a insolvência, deixa de se conceber o exercício em comum de uma atividade económica, as dúvidas surgem ainda maiores.

Então qual o fundamento para se tributar as sociedades insolventes em sede de IVA?

Analisando, uma vez mais, o conteúdo da Circular nº 10/2015, de 9 de setembro verificamos que a AT defende que a personalidade tributária da sociedade insolvente não é afetada pela declaração de insolvência, já que, inerente ao processo de liquidação da massa insolvente, está a realização de operações sujeitas a IVA, pelo que a declaração de insolvência não altera por si só a qualidade de sujeito passivo de IVA.

À semelhança da tributação do rendimento, também em IVA a AT sustenta que caso seja deliberado o encerramento de estabelecimento compreendido na massa insolvente e comunicado tal facto à AT pelo tribunal, é assumida a cessação oficiosa prevista no nº 3 do artigo 34º do CIVA, e que há por isso dispensa de obrigações fiscais declarativas. No entanto, para a AT, se após a cessação oficiosa de atividade, a sociedade insolvente continuar a realizar transmissões de bens ou prestações de serviços, o administrador da insolvência deverá assegurar o procedimento especial de liquidação do imposto, podendo ainda exercer o direito à dedução do imposto suportado na aquisição de bens ou serviços indispensáveis na fase de liquidação.

Como temos vindo a referir, e tal como defendem SILVA e SANTOS (2013)[169] tal interpretação da lei tem suscitado muita contestação por parte dos AI[170], os quais, baseando-se no CIRE, consideram que a partir do momento em que a assembleia de credores decide a liquidação da empresa, o produto da liquidação se destina a ressarcir os credores e não a satisfazer dívidas liquidadas após a declaração da insolvência, embora posteriores à

---

[168] Oposição da AT no processo 9/10.6BCPRT, Tribunal Central Administrativo Norte, disponível em http://www.apaj.pt/ficheiros/oposicaodaadministracaofiscal.pdf.

[169] SILVA, Suzana Tavares e SANTOS, Marta Costa (2013), "Os créditos fiscais nos processos de insolvência: reflexões críticas e revisão da jurisprudência", in *https://estudogeral.sib.uc.pt/bitstream/10316/24784/1/STS_MCS%20insolvencia.pdf*.

[170] Providência Cautelar de Suspensão de Eficácia Contra o Ministério das Finanças, APAJ – Associação Portuguesa dos Administradores Judiciais, Processo 9/10.6BCPRT do Tribunal Central Administrativo do Norte, in *http://www.apaj.pt/ficheiros/ACORDAO_PROV_CAUTELAR.pdf*.

mesma, por isso também não estará sujeito a IVA, do mesmo modo que já tinha sido evidenciado anteriormente para efeitos de IRC.

Consideramos pois que em sede de IVA existe também uma falta de harmonização entre os Códigos.

Para SALDANHA SANCHES (2001)[171], e a propósito da administração e da aplicação literal da lei fiscal, não se pode encontrar um fio condutor para a multiplicidade de pressupostos, doutrinas ou cânones utilizados pela AT para aplicar a lei. Poderemos pois encontrar inúmeros casos em que desta interpretação estrita, defendida por alguma doutrina utilizada pela AT e, por vezes, confirmada pelos tribunais. Para o autor, a simplificação da aplicação da lei tem limites, "até porque a aplicação mecânico-literal da lei fiscal nos muitos casos em que surgem dificuldades de interpretação, constitui uma lesão grave e por isso inaceitável da segurança dos contribuintes, entendida da forma hoje metodologicamente possível da segurança quanto aos princípios".

Mas há autores que sempre defenderam a posição da AT, no que respeita ao cumprimento das obrigações fiscais declarativas, mesmo antes da publicação da Circular nº 10/2015, sempre com o pressuposto de que as sociedades insolventes seriam sujeitos passivos de IVA. Senão vejamos.

É o caso de TIAGO (2012)[172] que defendeu a existência das obrigações fiscais que subsistem durante liquidação de empresas insolventes, baseando a sua posição no Acórdão do Supremo Tribunal Administrativo[173], sem distinguir se existiu deliberação do encerramento do estabelecimento da sociedade insolvente. Para a autora, as empresas insolventes deveriam apurar corretamente o imposto, em cada um dos períodos de tributação previstos no CIVA, recorrendo nomeadamente às regras constantes dos seus artigos 19º a 26º e do artigo 78º, bem como proceder, nos períodos de tributação em que tenha sido apurado imposto a favor do Estado, ao pagamento do imposto que se mostrar devido, nos prazos legais definidos

---

[171] SALDANHA SANCHES, J.L. (2001), "IVA: Controlo Fiscal e Direito de Reembolso", *Fiscalidade*, nº 5, Revista de Direito e Gestão Fiscal, Edição do Instituto Superior de Gestão, in *http://www. saldanhasanches.pt/fevereiro2009/2001,_Fiscalidade,_5,_83-99.pdf.*

[172] TIAGO, Filomena (2012), "A empresa insolvente mantém a personalidade tributária", Porto, Vida Económica, *in http://www.vidaeconomica.pt/gen.pl?p=stories&op=view&fokey=ve. stories/79852.*

[173] MINISTÉRIO DA JUSTIÇA (2011), Supremo Tribunal Administrativo, Acórdão Processo 01145/09, 24/02/2011, *http://www.dgsi.pt/jsta.nsf/35fbbbf22e1bb1e680256f8e003ea931/e855a5f f7425a7378025784800530ac4?OpenDocument.*

em função da periodicidade em que se encontram enquadrados. A autora defendia ainda que as empresas insolventes deveriam cumprir, na forma e prazos definidos na lei, as demais obrigações declarativas previstas no CIVA. Tiago (2012) considerava também que, no decurso do procedimento de insolvência, se devia prever em sede de plano de insolvência a manutenção em atividade da empresa, na titularidade do devedor ou de terceiro, e que deve o sujeito passivo submeter, nos termos do artigo 32º do CIVA, uma declaração de alterações, contendo a retirada à designação social do devedor da menção "sociedade em liquidação" ou simplesmente "em liquidação", como decorre conjugadamente dos artigos 141º, nº 1, alínea e); 146º, nº 1, e 161º, todos do CSC com o artigo 206º, nº 1 do CIRE.[174]

Consequentemente, e até à publicação da Circular nº 10/2015, ainda que o artº 65º do CIRE definisse que as eventuais obrigações declarativas e fiscais se extinguiam necessariamente após a deliberação de encerramento da atividade do estabelecimento, na prática tais exigências continuavam a ser impostas aos AI pela AT.

Aliás, para Martins (2012)[175] não estava claro o que significaria o disposto no nº 5 do referido artº 65º, ao referir-se às responsabilidades fiscais entre a declaração da insolvência e a deliberação de encerramento do estabelecimento, que seriam da responsabilidade daquele a quem foi conferida a administração da insolvência e o autor evidenciava que parecia existir uma contradição com o teor do nº 2.

Ainda assim para Menezes Leitão (2012), a declaração de insolvência acarretando a dissolução da pessoa coletiva, a sua personalidade coletiva

---

[174] De notar que o contribuinte fica dispensado de entregar a declaração de alterações sempre que as mudanças em causa sejam de factos sujeitos a registo na Conservatória do Registo Comercial (CRC), conforme dispõe o artº 32, nº 3, do CIVA. Assim, a declaração de insolvência e a nomeação do Administrador de Insolvência são registadas oficiosamente, com base na respetiva certidão na CRC, conforme dispõe o artº 38, nº 2, al. b), do CIRE e o artº 72º-A, do Código de Registo Comercial: "1 – É oficiosa e gratuitamente comunicado, por via eletrónica, o conteúdo dos atos de registo aos serviços da Administração Tributária e da Segurança Social: – a declaração de insolvência (dissolução); – a nomeação e destituição do Administrador de Insolvência; e, – o encerramento da liquidação (extinção)"(...).

[175] Martins, Alexandre Soveral (2012), "Alterações recentes ao Código da Insolvência e da Recuperação de Empresas", in https://estudogeral.sib.uc.pt/bitstream/10316/20699/1/alteracoes_CIRE.pdf".

deve restringir-se à prática dos atos necessários para a liquidação do seu património.[176]

Assim, PERES (2010)[177] evidencia, com fundamento no Despacho do Tribunal Judicial da Comarca de Amarante, que a sociedade declarada insolvente entra em fase de liquidação judicial, situação diferente da liquidação administrativa ou fiscal, motivo pelo qual a AT não pode levantar obstáculos ao adequado desempenho das funções do AI. Por isso, o autor, também com base no Despacho do Tribunal Judicial de Tábua[178] destaca que a representação do AI está limitada e deve ser orientada para a liquidação do património ou para a apresentação de um plano de insolvência, para que se consiga a satisfação integral de todos os créditos do devedor, declarado insolvente. Pois, para o autor, continuar-se a tributar o devedor insolvente em sede de IVA contraria e dificulta esta representação limitada e condicionada do AI aos fins do processo de insolvência.

> **Despacho do Tribunal Judicial da Comarca de Amarante**
>
> A sociedade declarada insolvente entra em fase de liquidação judicial, situação diferente da liquidação administrativa ou fiscal, motivo pelo qual a AT não pode levantar obstáculos ao adequado desempenho das funções do AI.

Mais, de acordo com o referido Despacho, se nos termos do artigo 91º do CIRE, a declaração de insolvência determina o vencimento de todas as obrigações do insolvente não subordinadas a uma condição suspensiva, então a declaração de insolvência importa o vencimento de todas as dívidas, designadamente as referentes a impostos, pelo que não se justifica

---

[176] Apesar destas alterações ao CIRE, estas serviram para atenuar a forma radical com que o diploma inicial se guiava pelo sistema de falência-liquidação, mas as alterações foram mais de forma do que conteúdo, in MENEZES LEITÃO, L.M.T. (2012), 4ª edição, *Direito da Insolvência*, Coimbra, Almedina, pp. 76.

[177] Peres, Inácio (2010), "A responsabilidade dos Liquidatários Judiciais e Administradores da Insolvência", XIII Encontro Nacional, APAJ, in *www.apaj.pt/ficheiros/XIII_Encontro_APAJ_Inacio.pdf*.

[178] Processo 143/09.5TBTBU, de 14/10/2009.

para PERES (2010)[179] que a AT continue a tributar a sociedade insolvente em sede de IVA.

Porém, percebemos a posição da AT, já que não podemos esquecer que o IVA é um imposto baseado no método do crédito de imposto e neutro. A este propósito refere XAVIER DE BASTO (2004) que o IVA é o imposto mais eficiente do nosso sistema fiscal.[180]

Assim, perguntamo-nos, pois, se a empresa deduziu o imposto aquando da compra não o deve liquidar por via da liquidação da massa insolvente aquando da venda ou transmissão dos ativos insolventes?

A AT na Circular nº 10/2015 evidencia pois que caso a liquidação da massa insolvente venha a envolver atos com relevância tributária em sede de IVA ou operações tributárias que consubstanciem prestações de serviços, ainda que exista a dispensa de obrigações fiscais declarativas, a mesma não dispensa a sociedade insolvente, por via do administrador da insolvência, de liquidar e pagar o IVA correspondente, podendo ainda exercer o direito à dedução do IVA suportado na aquisição de bens ou serviços indispensáveis na fase de liquidação.

Inclusivamente é necessário atender ao disposto no nº 32 do artigo 9º do CIVA, caso em que haverá isenção de IVA nas transmissões de bens afetos exclusivamente a uma atividade isenta, quando não tenham sido objeto do direito à dedução e bem assim as transmissões de bens cuja aquisição ou afetação tenha sido feita com exclusão do direito à dedução nos termos do nº 1 do artigo 21º do CIVA.

E como tratar o IVA na dação em cumprimento e na cessão de bens aos credores?

Procuraremos dar resposta a esta questão de seguida.

3.2. A dação em cumprimento, a cessão de bens aos credores e o IVA

Para esta parte importa saber, quanto ao caso que resulta da alteração das dívidas da sociedade insolvente, prevista em plano de insolvência ou em

---

[179] PERES, Inácio (2010), "A responsabilidade dos Liquidatários Judiciais e Administradores da Insolvência", XIII Encontro Nacional, APAJ, in *www.apaj.pt/ficheiros/XIII_Encontro_APAJ_Inacio.pdf*.

[180] XAVIER DE BASTO, J.G. (2004), "Tópicos para uma Reforma Fiscal Impossível", Notas Económicas, nº 19, in *https://digitalis-dsp.uc.pt/bitstream/10316.2/24935/1/NotasEconomicas19_artigo1.pdf*.

plano de pagamentos, se é passível de IVA a dação em cumprimento e a cessão de bens aos credores.

Rathenau (2006) define que qualquer obrigação, seja ela de fonte contratual ou legal, tem de ser cumprida genericamente pela parte devedora para que a obrigação se extinga.

Surgem litígios, como não podia deixar de ser, quando o credor considera incumprida a sua pretensão contra o devedor.[181] É o que acontece num processo de insolvência, como temos vindo a observar ao longo deste trabalho.

Mas, o devedor cumpre a obrigação quando realiza a prestação a que está vinculado.[182]

Quando analisamos o CIRE, é possível aferir das formas de extinção das obrigações, nomeadamente da dação em cumprimento e da cessão de bens aos credores.

Ocorre dação em cumprimento quando o devedor oferece bens móveis ou imóveis para cumprimento da dívida e o credor aceita.[183] A cessão de bens aos credores verifica-se quando estes, ou alguns deles são encarregados pelo devedor de liquidar o património deste, ou parte dele, e repartir entre si o respetivo produto, para satisfação dos seus créditos.[184]

Ora, para Mendes (2011)[185], e conforme resulta da leitura do nº 4 do artigo 3º do CIVA[186], importa verificar se a dação em cumprimento e a cessão de bens integram a categoria de transmissão de bens, suscetível de imposto, ou não.

---

[181] Rathenau, Alexander (2006), "O cumprimento e incumprimento das obrigações no direito português", in *http://www.rathenau.com/incumprimentocom.pdf.*

[182] Cf. artº 762º nº 1 do Código Civil Português (CC).

[183] Código Civil Português, Capítulo VIII – Causas de extinção das obrigações além do cumprimento, Secção I – Dação em cumprimento. Artº 837º e sgts. do CC.

[184] Código Civil, Capítulo VII – Cumprimento e não cumprimento das obrigações, Secção IV – Cessão de bens aos credores. Artº 831º do CC.

[185] Mendes, Ana Rita (2011), "É possível isentar de IVA uma dação em cumprimento da sociedade aos seus sócios para liquidação da dívida relativa a suprimentos?", in *http://www. carloscanaes.pt/2011/04/17/e-possivel-isentar-de-iva-uma-dacao-em-cumprimento-da-sociedade-aos-seus-socios-para-liquidacao-da-divida-relativa-a-suprimentos/.*

[186] Artº 3º CIVA: "4 – Não são consideradas transmissões de bens e consequentemente, são isentas de imposto, as cessões a título oneroso ou gratuito do estabelecimento comercial, da totalidade de um património ou de uma parte dele, que seja suscetível de constituir um ramo de atividade independente, quando, em qualquer dos casos, o adquirente seja, ou venha a ser, pelo facto da aquisição, um sujeito passivo de imposto".

Se atendermos ao disposto no artigo 837º do Código Civil (CC) quando define que a prestação de coisa diversa a que for devida, embora de valor superior, só exonera o devedor se o credor der o seu assentimento, tal significa, segundo ANTUNES VARELA (2006)[187] que a dação pode ter por objeto quer a transmissão da propriedade duma coisa, quer a transmissão de um outro direito, ou seja, pode ter por objeto uma prestação pecuniária ou uma prestação de coisa em lugar da prestação pecuniária.

Para NETO (2010)[188] na dação em cumprimento, prevista no artigo 837º do CC, o devedor pretende com uma prestação de coisa diversa da devida – que pode ser de valor superior, e tanto pode consistir na entrega de dinheiro em lugar da coisa devida, como inversamente, na entrega de uma coisa em vez da prestação pecuniária – extinguir imediatamente a obrigação; na dação em função do cumprimento – *datio pro solvendo* – a que se refere o artigo 840º do CC, o devedor faz entrega de uma coisa não para substituir a prestação mas para ser vendida pelo credor e este se fazer pagar pelo preço recebido, de tal modo que a obrigação subsiste e só vem a extinguir-se com a satisfação do direito do credor e na medida do que o for.

Assim, concluímos que a dação em cumprimento e a cessão de bens consistem numa forma de extinção de uma dívida. A dação consiste na entrega ao credor de coisa diferente ou de prestação pecuniária para fazer extinguir a obrigação. A cessão de bens consiste na entrega de um bem que permita ao credor satisfazer o seu crédito, através da alienação do mesmo.

É então passível de IVA a dação em cumprimento e a cessão de bens aos credores no processo de insolvência?

Nesses termos, o Acórdão do Tribunal da Relação do Porto[189] expõe que ao entregar um bem ao credor, com vista à extinção do crédito, o

---

[187] Cfr. ANTUNES VARELA, João Antunes (2006), *Das Obrigações em Geral*, in MENDES, Ana Rita (2011), "É possível isentar de IVA uma dação em cumprimento da sociedade aos seus sócios para liquidação da dívida relativa a suprimentos?", in *http://www.carloscanaes.pt/2011/04/17/e-possivel-isentar-de-iva-uma-dacao-em-cumprimento-da-sociedade-aos-seus-socios-para-liquidacao-da-divida-relativa-a-suprimentos/.*

[188] Cfr. NETO, Abílio, *Código Civil Anotado*, in MENDES, Ana Rita (2011), "É possível isentar de IVA uma dação em cumprimento da sociedade aos seus sócios para liquidação da dívida relativa a suprimentos?", in *http://www.carloscanaes.pt/2011/04/17/e-possivel-isentar-de-iva-uma-dacao-em-cumprimento-da-sociedade-aos-seus-socios-para-liquidacao-da-divida-relativa-a-suprimentos/.*

[189] MINISTÉRIO DA JUSTIÇA (2006), Tribunal da Relação do Porto, Acórdão Processo 0635505, 14/12/2006, *http://www.dgsi.pt/jtrp.nsf/d1d5ce625d24df5380257583004ee7d7/36bc9ed778bf1a64 8025726100514f69?OpenDocument.*

devedor transmite ao credor a propriedade desse bem, a título oneroso. Por isso, não podem deixar de se aplicar à dação em cumprimento também as exigências de forma que são aplicáveis ao contrato de compra e venda. Assim nos termos do Acórdão, a dação em cumprimento de bens móveis não deixa de operar a transmissão do direito de propriedade dos bens do devedor para o credor, pelo facto de não ser emitida fatura ou de a dação não ter sido incluída na declaração de IRC.

Segundo ANTUNES VARELA (1997)[190] o fim da dação consiste na extinção da obrigação (da única obrigação que persiste nas relações entre as partes); o meio dessa extinção, sendo diferente da prestação debitória (*aliud pro alio*), pressupõe uma troca concertada entre as partes – troca que se efetua no próprio momento da *datio*.

Por isso, de acordo com o Acórdão já referido[191], é notória a analogia existente entre as modalidades mais correntes da dação (como a entrega de uma coisa ou a cedência de um direito) e o contrato de compra e venda. Por isso, o mesmo evidencia que nos termos do artigo 838º do CC, é concedido ao credor a mesma proteção, nos termos dos artigos 905º e seguintes do mesmo Diploma, que admitem ao comprador quando a coisa ou o direito transmitido apresentem vícios.

É o Acórdão que vem dizer que a aplicação à dação em cumprimento das regras da compra e venda resulta não só do citado artigo 838º, como da remissão geral do artº 939º, o qual manda aplicar as regras da compra e venda aos outros contratos onerosos pelos quais se alienem bens ou se estabeleçam encargos sobre eles, na medida em que sejam conformes com a sua natureza e não estejam em contradição com as disposições legais respetivas. Pelo que, por força do disposto naqueles normativos, são aplicáveis à dação em cumprimento, por exemplo, as disposições relativas à venda de coisa alheia (artigo 892º e seguintes do CC), se tiver sido dada em cumprimento uma coisa não pertencente ao devedor. A aplicação do regime da compra e venda à dação em cumprimento é explicada pelo

---

[190] Cfr. ANTUNES VARELA, João Antunes (1997), *Das Obrigações em Geral*, in MINISTÉRIO DA JUSTIÇA (2006), Tribunal da Relação do Porto, Acórdão Processo 0635505, 14/12/2006, *http:// www.dgsi.pt/jtrp.nsf/d1d5ce625d24df5380257583004ee7d7/36bc9ed778bf1a648025726100 514f69?OpenDocument*.

[191] MINISTÉRIO DA JUSTIÇA (2006), Tribunal da Relação do Porto, Acórdão Processo 0635505, 14/12/2006, *http://www.dgsi.pt/jtrp.nsf/d1d5ce625d24df5380257583004ee7d7/36bc9ed778bf1a64 8025726100514f69?OpenDocument.*

carácter oneroso que reveste a *datio in solutum*. Pois, entrega-se ou dá-se a coisa (*lato sensu*) em troca da extinção (do crédito). Ou seja, ao entregar um bem ao credor, com vista à extinção do crédito, o devedor transmite ao credor a propriedade desse bem, a título oneroso.

Concluindo, por isso, o Acórdão que, não podem deixar de se aplicar à dação em cumprimento também as exigências de forma que são aplicáveis ao contrato de compra e venda.

Acórdão do Tribunal da Relação do Porto
Processo 0635505, 14/12/2006

Ao entregar um bem ao credor, com vista à extinção do crédito, o devedor transmite ao credor a propriedade desse bem, a título oneroso. Por isso, não podem deixar de se aplicar à dação em cumprimento também as exigências de forma que são aplicáveis ao contrato de compra e venda. A dação em cumprimento de bens móveis não deixa de operar a transmissão do direito de propriedade dos bens do devedor para o credor, pelo facto de não ter sido emitida fatura ou de a dação não ter sido incluída na declaração de IRC.

Apenas o contrato de compra e venda de bens imóveis está sujeito a forma legal, face ao disposto no art.º 875.º do CC que só é válido se for celebrado por escritura pública. A compra e venda de bens móveis é consensual, o que se aplica também à compra e venda de bens móveis de que sejam titulares sociedades comerciais, pois que nenhuma disposição legal, *maxime* do CSC, tal como referido no Acórdão, exige qualquer tipo de documento para a sua formalização. Assim, por força das disposições conjugadas dos já citados artigos 838.º e 939.º, também a dação em pagamento de bens móveis pode ser celebrada por qualquer forma.

Por isso, para MENDES (2011)[192] a dação em cumprimento consiste numa transmissão de bens, na transmissão do direito de propriedade do devedor para o credor, com a finalidade da extinção da obrigação, e tal entrega de bens integra pois o conceito definido no artigo 3.º, n.º 1 do CIVA de transmissão de bens, sendo sujeita a imposto, uma vez que, se transfere

---

[192] MENDES, Ana Rita (2011), "É possível isentar de IVA uma dação em cumprimento da sociedade aos seus sócios para liquidação da dívida relativa a suprimentos?", in *http://www.carloscanaes.pt/2011/04/17/e-possivel-isentar-de-iva-uma-dacao-em-cumprimento-da-sociedade-aos-seus-socios-para-liquidacao-da-divida-relativa-a-suprimentos/*.

o direito de propriedade do bem, havendo lugar à emissão de fatura, não havendo por isso qualquer isenção.

Face a tudo o que já foi exposto, perguntamo-nos com referência ao IVA, e mesmo tendo o imposto que ser suportado pelos compradores, se não será mais um obstáculo à conclusão do processo de insolvência. Não seria mais apelativo para os potenciais compradores, a isenção de IVA no processo de liquidação dos ativos insolventes?

Como podemos observar, também em sede de IVA se gera alguma discussão.

Abordaremos na secção seguinte a temática da tributação do património no processo de insolvência.

4. A tributação do património no processo de insolvência

A tributação do património no sistema fiscal português faz-se através do Imposto do Selo (IS), de dois impostos afetos às autarquias locais – o Imposto Municipal sobre Imóveis (IMI) e o Imposto Municipal sobre as Transmissões Onerosas de Imóveis (IMT), o primeiro recaindo sobre o valor patrimonial dos prédios, quer rústicos, quer urbanos, e o segundo sobre as transmissões de imóveis a título oneroso –, do Imposto sobre Veículos (ISV) e do Imposto Único de Circulação (IUC).

Vejamos, então, já de seguida, como se processa a tributação do património nas sociedades insolventes.

4.1. Os prédios integrados na massa insolvente

No que diz respeito à tributação dos prédios integrados na massa insolvente, a primeira pergunta que se coloca é que como devemos analisar a tributação das sociedades insolventes, nomeadamente em sede de Imposto Municipal sobre Imóveis (IMI), Municipal sobre as Transmissões Onerosas de Imóveis (IMT) e Imposto do Selo (IS).

Sobre quem recai a obrigação de pagamento do IMI, se após a declaração da insolvência há a consequente apreensão do prédio a favor da massa insolvente?

E subsiste essa obrigação no processo de insolvência?

Será a massa insolvente sujeito passivo de IMI?

Também em sede de IMT se coloca uma questão semelhante, nomeadamente na transmissão de imóveis integrados na massa insolvente, no seu processo de liquidação.

É esta transmissão uma transmissão a título oneroso?

Não será ou deverá ser essa operação isenta de IMT?

Também quando falamos de IS, faz sentido que os atos decorrentes do processo de insolvência estejam sujeitos a imposto?

Estas são também outras das questões às quais procuraremos dar resposta nesta secção.

4.1.1. A insolvência em sede de Imposto Municipal sobre Imóveis

Para SALDANHA SANCHES (2007)[193] o IMI é um imposto que recai sobre a propriedade de imóveis e que por isso é neutro em relação à compra, na medida em que recai sobre o preço do prédio.

Com a sentença de declaração de insolvência, e conforme evidencia SERRA (2004)[194] são apreendidos, para a massa insolvente, todos os bens, mesmo que arrestados, penhorados, apreendidos, detidos ou objeto de cessão aos credores.

O Código do Imposto Municipal sobre Imóveis (CIMI)[195] não contém qualquer menção ao processo de insolvência.

Se analisarmos o artº 8º do CIMI quando evidencia que o imposto é devido pelo proprietário do prédio em 31 de Dezembro do ano a que o mesmo respeitar, questionamo-nos sobre quem recai a obrigação de pagamento do IMI, após a declaração da insolvência, já que há a consequente apreensão do prédio a favor da massa insolvente, nos termos do CIRE.

A AT (2011)[196] sempre entendeu que da leitura do CIRE, nomeadamente dos artigos 36º [197], 81º[198], 149º [199] e 150º[200], a sentença de declaração de insolvência não tem por efeito a transmissão dos bens do insolvente para

---

[193] SALDANHA SANCHES, J.L. (2007), *Manual de Direito Fiscal*, 3ª edição, Coimbra, Coimbra Editora, pp. 438.

[194] SERRA, Catarina (2004), *O Novo Regime Português da Insolvência – Uma Introdução*, Coimbra, Almedina, pp.55 Cfr. artº 149º nº 1, CIRE.

[195] Aprovado pelo Decreto-Lei nº 287/2003, de 12 de novembro, com alteração pela Lei nº 60-A/2011, de 30 de novembro, retificado pela Lei nº 83-C/2013 de 31 de dezembro.

[196] Conforme se extrai da leitura da Informação Vinculativa, Processo 2011 000263 – IVE nº 1871 da Direcção Geral dos Impostos. Ministério das Finanças e da Administração Pública (2011), Informação Vinculativa, Processo 2011 000263 – IVE nº 1871, in *http://info.portaldasfinancas.gov.pt/NR/rdonlyres/9DF1FA89-66CC-4F5D-BBDE-178FACC8F59F/0/ficha%20doutrin%C3%A1ria%20Proc%C2%BA%202011_000263%20-%20IVE%201871.pdf*.

[197] Artº 36º, CIRE – Sentença de declaração de insolvência.

[198] Artº 81º, CIRE – Transferência dos poderes de administração e disposição.

[199] Artº 149º, CIRE – Apreensão dos bens.

[200] Artº 150º, CIRE – Entrega dos bens apreendidos.

a respetiva massa insolvente, limitando-se a decretar a apreensão desses bens para entrega imediata ao administrador da insolvência e a privar imediatamente o insolvente dos poderes de administração e de disposição dos bens integrantes da massa insolvente, os quais passam a competir ao administrador da insolvência.

Assim, para a AT as coletas de IMI que viessem a ser devidas e que se vencessem em data posterior à declaração de insolvência seriam da responsabilidade do insolvente, uma vez que este se mantém na titularidade dos prédios integrados na massa insolvente, embora privado dos correspondentes poderes de administração e de disposição. Pois com a sentença de declaração de insolvência e a consequente apreensão dos prédios a favor da massa insolvente, não haveria mudança de sujeito passivo do IMI e apenas as dívidas de IMI vencidas em data anterior à declaração de insolvência é que deveriam ser reclamadas ao administrador da insolvência, nos termos do artº 128º do CIRE[201].

Interrogamo-nos de imediato que sentido faria esta interpretação da lei.

Pois, sendo considerado insolvente o devedor que se encontra impossibilitado de cumprir as suas obrigações vencidas, nos termos do nº 1 do artº 3º do CIRE[202], e por isso mesmo foi decretada a sua insolvência, como poderia a AT considerar que não haveria mudança de sujeito passivo e que as coletas de IMI seriam da responsabilidade do insolvente?

Como pagaria pois o insolvente a coleta de IMI se estaria insolvente?

Aliás, o Acórdão do Supremo Tribunal Administrativo[203] veio esclarecer que consoante o valor de IMI em dívida, seja anterior ou posterior à declaração de insolvência, "tal facto fará classificar o eventual crédito como um crédito sobre a (o) insolvente que carece de ser reclamado no âmbito do processo de insolvência ou como uma dívida da massa insolvente, respetivamente". E mais apelando ao facto de que "alguém que está desapossado do prédio e insolvente, obviamente, não tem a necessária capacidade contributiva essencial para o preenchimento do conceito de sujeito passivo de imposto na sua plenitude", e que tal consubstancia por isso a razão de ser da substituição da obrigação de pagamento do IMI.

---

[201] Artº 128º, CIRE – Reclamação de créditos.

[202] Artº 3º, CIRE – Situação de insolvência.

[203] MINISTÉRIO DA JUSTIÇA (2014), Supremo Tribunal Administrativo, Acórdão Processo 01024/12, 06/03/2014, in *http://www.dgsi.pt/jsta.nsf/35fbbbf22e1bb1e680256f8e003ea931/a70e 506b45757cd780257ca6004d8f26?OpenDocument&ExpandSection=1.*

> ### Acórdão do Supremo Tribunal Administrativo
> ### Processo 01024/12, 06/03/2014
>
> Consoante o valor de IMI em dívida, seja anterior ou posterior à declaração de insolvência, tal facto fará classificar o eventual crédito como um crédito sobre a (o) insolvente que carece de ser reclamado no âmbito do processo de insolvência pela Fazenda Pública – cfr. artº 47º do CIRE – ou como uma dívida da massa insolvente – cfr. artº 51º do CIRE –, respetivamente que, à semelhança de outros créditos (anúncios; honorários de peritos advogados; etc.), deverá ser paga de imediato. É legal e justo que seja exigível à massa insolvente o pagamento do imposto se o IMI em causa se reportar a período posterior à apreensão do bem à sua ordem, sendo no entanto indiscutível que pelo IMI referente a imóvel da insolvente liquidado por referência a período anterior à declaração de insolvência será responsável a insolvente. (...) as razões de capacidade contributiva que (...) substanciam, também, a razão de ser da substituição da obrigação de pagamento do IMI, no caso concreto, pois que alguém que está desapossado do prédio e insolvente, obviamente, não tem a necessária capacidade contributiva essencial para o preenchimento do conceito de sujeito passivo de imposto na sua plenitude (...).

Assim, em 2015,[204] a AT alterou a sua interpretação passando a reconhecer que apesar de a declaração de insolvência não ter por efeito a transmissão dos bens da pessoa coletiva insolvente para a respetiva massa insolvente, a pessoa coletiva continua a ser sujeito passivo do IMI, mas o respetivo pagamento deve ser exigido à massa insolvente.

Entendemos, todavia, que deveria ser aberto um regime de exceção, com revisão da lei atual, de modo a que houvesse a transferência da titularidade do prédio para a massa insolvente e isentar ou reduzir o valor de IMI dos prédios integrados na massa insolvente, após a sentença de declaração de insolvência?

Poderíamos por exemplo adaptar a ideia constante do *Relatório do Grupo para o Estudo da Política Fiscal: Competitividade, Eficiência e Justiça do Sistema Fiscal*[205] quando propõe que para resolver o problema dos prédios que estão

---

[204] Circular 10/2015, de 9 de setembro, in *info.portaldasfinancas.gov.pt/NR/rdonlyres/631ADD97.../Circular_10_2015.pdf.*

[205] Ministério das Finanças e da Administração Pública (2009), Secretaria de Estado dos Assuntos Fiscais, "Relatório do Grupo para o Estudo da Política Fiscal: Competitividade,

O SISTEMA FISCAL PORTUGUÊS NA INSOLVÊNCIA

para venda e que não têm procura, no mercado, se poderia criar de uma "Bolsa Imobiliária Municipal". Assim, em nossa opinião, no caso concreto da insolvência, os AI em representação da sociedade insolvente, poderiam colocar nessa bolsa os prédios integrados na massa insolvente à venda. Esses prédios beneficiariam de isenção ou de uma redução significativa do IMI enquanto não fossem vendidos. Esta medida poderia substituir a situação da isenção temporária e seria compatível com o princípio da eliminação das isenções, defendido no próprio Relatório.

Uma vez mais verificamos que o sistema fiscal não se mostra simplificado no que diz respeito à tributação das sociedades insolventes, e que permite a interpretação diversa da lei, gerando alguma polémica nesta temática do processo de insolvência.

4.1.2. A tributação em sede de Imposto Municipal sobre as Transmissões Onerosas de Imóveis (IMT)

Para PIRES (2012)[206] o IMT é um imposto que incide sobre as transmissões onerosas de imóveis, visando tributar as manifestações de riqueza dos indivíduos que mobilizam os seus rendimentos na aquisição de bens imóveis.

E SALDANHA SANCHES (2007)[207] evidencia que se trata de um imposto limitativo da circulação das pessoas e é cobrado no momento em que pesam diversos encargos sobre o contribuinte, já que, como é sabido, é pago antes da escritura ou documento equivalente.

O Código do Imposto Municipal sobre as Transmissões Onerosas de Imóveis (CIMT) concede diversas isenções em sede de IMT. No que toca à temática da insolvência, verificamos, pelo disposto no nº 1, do artº 8º do CIMT que são isentas do IMT as aquisições de imóveis por instituições de crédito ou por sociedades comerciais, cujo capital seja direta ou indiretamente por aquelas dominado, em processo de execução movido por essas instituições ou por outro credor, bem como as efetuadas em processo de falência ou de insolvência, desde que, em qualquer caso, se destinem

---

Eficiência e Justiça do Sistema Fiscal – Subgrupo 3. Tributação do Património", pp.55, in *http://www.sidoniopardal.com/0_relatoriofinalsubgrupo3.pdf.*
[206] Cf. PIRES, José Maria Fernandes (2012), in DIAS, Sara L.S. V. (2012), "O Crédito Tributário e as Obrigações Fiscais no Processo de Insolvência", Escola de Direito, Universidade do Minho, in *repositorium.sdum.uminho.pt › ... › BUM – Dissertações de Mestrado.*
[207] SALDANHA SANCHES, J.L. (2007), *Manual de Direito Fiscal*, 3ª edição, Coimbra, Coimbra Editora, pp. 438.

à realização de créditos resultantes de empréstimos feitos ou de fianças prestadas. [208]

Analisando mais concretamente o referido artigo questionamos o seguinte.

Em primeiro lugar, porque a referida isenção engloba a transmissão de imóveis integrados na massa insolvente, no seu processo de liquidação, envolvendo apenas as instituições de crédito ou as sociedades comerciais cujo capital seja direta ou indiretamente por aquelas dominado?

Em segundo lugar, porque é considerada apenas a hipótese de realização de créditos resultantes de empréstimos feitos ou de fianças prestadas?

Julgamos que o legislador poderia considerar outras possibilidades para isentar de IMT todas as transmissão de imóveis integrados na massa insolvente, com o objetivo de incentivar, por um lado, os negócios nos processos de insolvência, por outro lado, o mercado imobiliário. Contribuiria, a nosso ver, principalmente nesta época de crise económica, para a dinamização de um sector em grandes dificuldades e permitiria que o processo de insolvência não se arrastasse no tempo, já que o IMT que tem que ser suportado pelos compradores, na aquisição desses prédios integrados na massa insolvente, será muitas vezes um entrave à conclusão do processo de insolvência, pelo seu valor, na maioria das vezes, elevado.

Conforme teremos oportunidade de abordar mais à frente, em sede própria, ainda que o próprio CIRE preveja benefícios fiscais no processo de insolvência, em particular em sede de IMT, que se complementam com os benefícios do citado artº 8º do CIMT, nos termos do seu artº 270º, tal

---

[208] Artº 8, nº 2, CIMT – "A isenção prevista no número anterior é ainda aplicável às aquisições de imóveis por entidades nele referidas, desde que a entrega dos imóveis se destine à realização de créditos resultantes de empréstimos ou fianças prestadas, nos termos seguintes: a) Nas aquisições de prédios urbanos ou de frações autónomas destes exclusivamente destinados a habitação, que derivem de atos de dação em cumprimento; b) Nas aquisições de prédios ou de frações autónomas destes não abrangidos no número anterior, que derivem de atos de dação em cumprimento, desde que tenha decorrido mais de um ano entre a primeira falta de pagamento e o recurso à dação em cumprimento e não existam relações especiais entre credor e devedor, nos termos do nº 4 do artigo 63º do Código do IRC. 3 – No caso de serem adquirentes sociedades direta ou indiretamente dominadas pelas instituições de crédito, só há lugar à isenção quando as aquisições resultem da cessão do crédito ou da fiança efetuadas pelas mesmas instituições àquelas sociedades comerciais e desde que estas sociedades sejam qualificadas como instituições de crédito ou como sociedades financeiras".

como veremos, os referidos benefícios não englobam todas as situações abrangíveis no processo de insolvência.

Voltamos a colocar questões que se prendem essencialmente com o respeito pelo princípio da igualdade e pela justiça fiscal na tributação das sociedades insolventes, ainda que indiretamente, mesmo em sede de IMT.

Porque os benefícios fiscais não contemplam a isenção de IMT na transmissão de bens imóveis separada da empresa ou do estabelecimento – desde que a universalidade da empresa ou do estabelecimento não seja afetada nos seus elementos essenciais?

Porque está essa transmissão sujeita nos termos gerais a IMT – salvo quando se verifique o condicionalismo específico do referido art° 8° do CIMT?

4.1.3. O Imposto do Selo (IS) no processo de insolvência

O IS é o imposto mais antigo do sistema fiscal português (foi criado por alvará de 24 de Dezembro de 1660)[209]. O IS trata-se de um imposto que se caracteriza pela diversidade de atos a que se aplica, tais como contratos, documentos, títulos, papéis e outros factos ou situações jurídicas previstos na Tabela Geral, incluindo as transmissões gratuitas de bens[210] e segundo MARQUES (2011)[211] por ser entregue ao Estado por uma entidade diferente daquela que economicamente suporta o imposto, que intervém como fiel depositário do imposto.

O Código do Imposto do Selo (CIS) não atribui nenhum capítulo dedicado à temática da insolvência. É o CIRE no seu art° 269° que refere os benefícios fiscais relativos ao IS, que abordaremos mais à frente.

Importa, agora, referir que o CPEREF mantém-se aplicável aos processos de recuperação de empresas e de falências pendentes aquando da entrada em vigor do CIRE, até à sua extinção. Antes da entrada em vigor do CIRE, os benefícios atualmente em vigor, nos termos do referido art° 269°, vinham regulados no art° 120° do CPEREF. Assim, a AT (2008)[212] evidencia que aos processos de falência e de recuperação anteriormente

---

[209] Ver Preâmbulo Código do Imposto do Selo.

[210] Art° 1°, CIS – Incidência objetiva.

[211] MARQUES, Paulo (2011), *Elogio do Imposto*, Coimbra, Coimbra Editora, pp. 63.

[212] Ministério das Finanças e da Administração Pública (2008), Parecer da Direcção de Serviços Jurídicos e do Contencioso, Direção Geral dos Impostos, DSIMT, *www.notarios.pt/NR/rdonlyres/61B4D407-F503.../ParecerdaDGI.pdf.*

instaurados mantém-se aplicável o regime do referido artº 120º do CPEREF, que apresenta em parte diferenças substanciais relativamente ao regime do CIRE. Enquanto os benefícios do artº 120º do CPEREF abrangiam apenas providências de recuperação de empresas, as isenções do artº 269 do CIRE incluem, além dos atos previstos em plano de insolvência, que segundo a AT apresenta no CIRE natureza idêntica à do plano de recuperação de empresas, os atos previstos em planos de pagamentos ou praticados no âmbito da liquidação da massa insolvente.

Não deveria a lei fiscal fazer aplicar os benefícios fiscais do mesmo modo, à luz da lei atual, às empresas que ainda se encontram abrangidas pelo CPEREF?

Pois se o fundamento é o mesmo, ainda que o CPEREF esteja em vigor nessas circunstâncias, não deveria existir um regime de exceção, inserido no próprio CIS, que abrangesse todas as empresas nestas circunstâncias, na falência ou na insolvência?

Conforme analisaremos depois, ao estudarmos em pormenor os benefícios fiscais no processo de insolvência, as isenções em causa no referido artº 269º do CIRE, aplicam-se aos atos que estejam previstos em planos de insolvência ou de pagamentos ou praticados no âmbito da liquidação da massa insolvente, independentemente de quem seja o sujeito passivo do imposto. Mas a isenção aí referida tem limites que convém não deixar de ter em conta.

4.2. O Imposto Único de Circulação e as viaturas apreendidas para a massa insolvente

O Imposto Único de Circulação (IUC) incide sobre os veículos das categorias referidas no artº 2º do Código do Imposto Único de Circulação (CIUC) e são sujeitos passivos do imposto, tal como definido no artº 3º do CIUC, as pessoas singulares ou coletivas, de direito público ou privado, em nome das quais se encontre registada a propriedade dos veículos.

A massa insolvente é sujeito passivo de IUC nos termos do CIUC?

O CIUC não faz qualquer referência ao processo de insolvência, por isso as questões que colocamos de imediato são diversas.

Sobre quem recai a obrigação de pagamento do IUC, se após a declaração da insolvência há a consequente apreensão das viaturas a favor da massa insolvente?

O SISTEMA FISCAL PORTUGUÊS NA INSOLVÊNCIA

Quando existe cláusula de reserva de propriedade que incida sobre os veículos apreendidos para a massa insolvente, quem é sujeito passivo de IUC?

A AT (2009)[213] evidenciava que era tributada a propriedade dos veículos, independentemente do respetivo uso ou fruição. Mais, tendo em conta a redação anterior do artigo 3º do CIUC, a AT considerava que eram sujeitos passivos do IUC as pessoas em nome das quais os mesmos se encontravam registados.

Importa pois referir que a atual redação do artº 3º do CIUC[214] refere que são sujeitos passivos do IUC as pessoas singulares ou coletivas, de direito público ou privado, em nome das quais se encontre registada a propriedade dos veículos.

Como já tivemos a oportunidade de analisar anteriormente, nos termos do artº 36º do CIRE, na sentença que declarar a insolvência, o juiz decreta a apreensão, para imediata entrega ao administrador da insolvência, dos elementos da contabilidade do devedor e de todos os seus bens, ainda que arrestados, penhorados ou por qualquer forma apreendidos ou detidos.

Segundo MARTINS (2013)[215] a apreensão é feita por meio de arrolamento (auto), e o AI junta, por apenso ao processo de insolvência, o auto do arrolamento e o balanço respeitante a todos os bens apreendidos, nos termos do artº 151º do CIRE, sendo seguida da elaboração, por parte do AI, de um inventário de bens e direitos integrados na massa insolvente, nos termos previstos no artº 153º do CIRE.

O auto é, como evidenciam FERNANDES e LABAREDA (2015)[216], título constitutivo da apreensão, pois processada a apensação, se os autos de balanço ou de arrolamento não referenciarem certo bem, mesmo que ele deva integrar a massa insolvente e até possa ter sido entregue ao próprio AI, não pode considerar-se devidamente apreendido.

---

[213] Conforme se extrai da leitura da Informação Vinculativa, Processo 2009003402 – IVE nº 125 da Autoridade Tributária e Aduaneira. Ministério das Finanças e da Administração Pública (2009), Informação Vinculativa, Processo 2009003402 – IVE nº 125, de 22/12/2009, in *info.portaldasfinancas.gov.pt/.../IUC_Art003-1_Art004-3_IVE125.pdf.*

[214] Redação dada pelo Decreto-Lei nº 41/2016, de 1 de agosto.

[215] MARTINS, Luís M. (2013), *Processo de Insolvência*, Coimbra, Almedina, 3ª edição, pp. 20.

[216] FERNANDES, LUÍS A. CARVALHO e LABAREDA, JOÃO (2015), *Código da Insolvência e de Recuperação de Empresas Anotado*, 3ª edição, Lisboa, Quid Juris, pp. 572.

Nos termos do artº 1º do Código do Registo Registo Automóvel (CRA)[217] o registo de veículos tem essencialmente por fim dar publicidade à situação jurídica dos veículos a motor e respetivos reboques, tendo em vista a segurança do comércio jurídico e estão sujeitos a registo, nos termos da alínea h) do artº 5º, a penhora, o arresto, o arrolamento, a apreensão ou quaisquer outras providências judiciais ou administrativas que afetem a livre disposição de veículos e podem ser objeto de registo provisório por natureza a penhora, o arresto, a apreensão em processo de insolvência e as ações, nos termos do artº 7º.

Assim, pelo exposto anteriormente, as viaturas aprendidas no processo de insolvência, e se arroladas pelo AI, são registadas a favor da massa insolvente.

O que nos faz depreender, atendendo à posição da AT, que é então a massa insolvente responsável pelo pagamento do IUC dessas viaturas.

Será mesmo assim?

Tal como nos apresenta FERREIRA (2016)[218] e face à alteração da lei, o que está em causa é "saber quem paga o IUC, se o proprietário do automóvel ou a pessoa que está inscrita no registo como proprietário do veículo (mesmo que não seja o real proprietário)", pois sendo o IUC devido por quem tem o registo de propriedade, esta alteração "afeta as pessoas que têm o registo do automóvel mas que não são proprietárias, porque o proprietário de facto ainda não o registou".

E se atendermos ao disposto no artº 1º do CIUC, no que se refere ao princípio da equivalência, em que o IUC procura onerar os contribuintes, na medida do custo ambiental e viário que estes provocam, em concretização de uma regra geral de igualdade tributária?

Pois sendo que na maioria dos processos de insolvência as viaturas aprendidas já não se encontram em circulação há muito tempo e se vendidas, podendo o processo de liquidação ser longo, faz algum sentido onerar a massa insolvente com o IUC?

---

[217] Aprovado pelo Decreto-Lei nº 54/75 de 12 de fevereiro, e atualizado até à Lei nº 39/2008, de 11 de agosto.

[218] FERREIRA, Rogério Fernandes (2016), *"IUC será pago pelo titular do registo automóvel e não pelo proprietário"*, Porto, Diário de Notícias, in *http://www.dn.pt/dinheiro/interior/iuc-sera-pago-pelo-titular-do-registo-automovel-e-nao-pelo-proprietario-5066228.html*.

Que custo ambiental e viário provocam essas viaturas se já não se encontram em circulação ou que poderão demorar algum tempo a voltar a circular, até à sua venda?

Para AT (2009)[219] o IUC é devido por inteiro em cada ano a que respeita até ao cancelamento da matrícula ou registo em virtude de abate efetuado nos termos da lei, decorrendo o período de tributação durante o mês de aniversário da respetiva matrícula.

O cancelamento das matrículas das viaturas apreendidas no processo de insolvência será a solução para uma possível resolução desta situação?

Na verdade, analisando o Código da Estrada (CE)[220] no que se refere ao cancelamento de matrículas, nada está previsto para o processo de insolvência, pelo que, não havendo outra solução na lei, específica para a situação da insolvência, e não havendo enquadramento nas situações previstas na lei, o cancelamento de matrícula, ainda que provisório, não é possível, o que, uma vez mais, em nossa opinião, onera a massa insolvente desnecessariamente, com a sua tributação em IUC, em prejuízo dos credores.

Outras dúvidas surgem também relativamente às situações em que exista cláusula de reserva de propriedade que incida sobre os veículos, nomeadamente em sabermos quem é sujeito passivo de IUC.

Atendendo ao conceito de reserva de propriedade, de acordo com o preceituado no artº 409º do CC que dispõe (nos contratos de alienação) que é lícito ao alienante reservar para si a propriedade da coisa até ao cumprimento total ou parcial das obrigações da outra parte ou até à verificação de qualquer outro evento.

Assim, de acordo com o Acórdão do Tribunal da Relação de Lisboa[221] a reserva de propriedade tem uma função de garantia do direito primeiro do credor (que é que o devedor se mantenha solvente) mas também garantindo, entretanto, àquele a fruição da coisa e a este a respetiva devolução se o crédito não for cobrado. Nesses termos, o Acórdão destaca que,

---

[219] Conforme se extrai da leitura da Informação Vinculativa, Processo 2009003402 – IVE nº 125 da Autoridade Tributária e Aduaneira. Ministério das Finanças e da Administração Pública (2009), Informação Vinculativa, Processo 2009003402 – IVE nº 125, de 22/12/2009, in *info.portaldasfinancas.gov.pt/.../IUC_Art003-1_Art004-3_IVE125.pdf.*

[220] Aprovado pelo Decreto-Lei 114/94 de 3 de maio, atualizado até ao Decreto-Lei nº 40/2016, de 29 de julho.

[221] MINISTÉRIO DA JUSTIÇA (2013), Tribunal da Relação de Lisboa, Acórdão Processo 30611/12.5T2SNT-D.L1-6, 28/11/2013, in *http://www.dgsi.pt/jtrl.nsf/33182fc73231603980256 5fa00497eec/e2c66b8eb993950580257c54002f72aa?OpenDocument.*

A FISCALIDADE DAS SOCIEDADES INSOLVENTES

tratando-se de reserva de propriedade inscrita a favor do vendedor do bem este continua a ser seu proprietário tendo o adquirente uma expectativa real de aquisição.

Acórdão do Tribunal da Relação de Lisboa
Processo 30611/12.5T2SNT-D.L1-6, 28/11/2013

O conceito de reserva de propriedade está contido no artigo 409º do Código Civil. É uma exceção ao princípio geral do efeito translativo da propriedade (consequência imediata do contrato – nº 1 do artigo 408º do Código Civil – se este tiver efeitos reais). Tem, pois uma função de garantia do direito primeiro do credor (que é que o devedor se mantenha solvente) mas também garantindo, entretanto, àquele a fruição da coisa e a este a respetiva devolução se o crédito não for cobrado. Daí que, tratando-se de reserva de propriedade inscrita a favor do vendedor do bem este continua a ser seu proprietário tendo o adquirente uma expectativa real de aquisição.

Vejamos então duas situações distintas.

Numa primeira situação, no Acórdão do Tribunal da Relação do Porto[222] consta que determinada AI requereu declaração de nulidade da cláusula de reserva de propriedade que incidia sobre determinado veículo, inventariado a favor da massa insolvente e, consequentemente, o levantamento da aludida cláusula no registo da Conservatória do Registo Automóvel, de forma a libertar-se o bem de tal ónus e possibilitar o seu registo definitivo a favor da massa insolvente.

Sucede que análise da decisão dos Juízes resulta que quando no processo de insolvência exista uma reserva de propriedade a favor de um credor sobre um veículo apreendido para a massa insolvente e, citado este para os efeitos do artº 119º, nº 4 do Código de Registo Predial (CRP)[223] haja

---

[222] MINISTÉRIO DA JUSTIÇA (2013), Tribunal da Relação do Porto, Acórdão Processo 1181/12.6TBPFR-E.P1, 27/05/2013, in *http://www.dgsi.pt/jtrp.nsf/d1d5ce625d24df5380257583 004ee7d7/2d2622717053f73d80257b8a00490b7b?OpenDocument.*

[223] O Artigo 29º do CRA determina que são aplicáveis, com as necessárias adaptações, ao registo de automóveis as disposições relativas ao registo predial: "mas apenas na medida indispensável ao suprimento das lacunas da regulamentação própria e compatível com a natureza de veículos automóveis e das disposições contidas neste diploma e no respetivo regulamento".

declarado que o veículo lhe pertence, devem as partes ser remetidas para os meios comuns para aí se apurar ou não da invocada nulidade da reserva de propriedade.

Acórdão do Tribunal da Relação do Porto
Processo 1181/12.6TBPFR-E.P1, 27/05/2013

Quando no processo de insolvência exista uma reserva de propriedade a favor de um credor sobre um veículo apreendido para a massa insolvente e, citado este para os efeitos do artº 119º, nº 4 do Código de Registo Predial haja declarado que o veículo lhe pertence, devem as partes ser remetidas para os meios comuns para aí se apurar ou não da invocada nulidade da reserva de propriedade.

Do mesmo modo, da análise do Acórdão do Tribunal da Relação do Porto[224] verificamos que, da conjugação da alínea b) do nº 1 do artº 5º e do artº 29º do CRA, com o artº 119º do CRP[225], decorre que, havendo registo provisório da apreensão, em processo de insolvência, de veículo com reserva de propriedade inscrita a favor de pessoa diversa do (s) requerido (s)/insolvente (s), deve o Juiz ordenar a citação do titular inscrito para declarar, no prazo de 10 dias, se o veículo lhe pertence.

Assim, refere o Acórdão que se o citado declarar que o veículo lhe pertence, o Tribunal remeterá os interessados para os meios processuais comuns, expedindo-se certidão do facto à competente Conservatória, com a data da notificação da declaração, para ser anotada no registo.

---

[224] MINISTÉRIO DA JUSTIÇA (2013), Tribunal da Relação do Porto, Acórdão Processo 3765/12.3TBVNG-D.P1, 27/10/2013, in *http://www.dgsi.pt/jtrp.nsf/d1d5ce625d24df538025758 3004ee7d7/831e380f8acea10c80257c24003cf082?OpenDocument*.

[225] A alínea b) do nº 1 do artº 5º do CRA, estabelece que "a reserva de propriedade estipulada em contratos de alienação de veículos automóveis" está sujeita a registo. Sujeitas a registo estão, igualmente, segundo a alínea a) do artº 6º do mesmo diploma legal, "as ações que tenham por fim principal ou acessório o reconhecimento, modificação ou extinção de algum dos direitos referidos no artigo anterior".

> **Acórdão do Tribunal da Relação do Porto**
> **Processo 3765/12.3TBVNG-D.P1, 27/10/2013**
>
> Da conjugação dos artº 5º nº 1 al. b) e artº 29º do CRA, com o artº 119º do CRP, decorre que, havendo registo provisório da apreensão, em processo de insolvência, de veículo com reserva de propriedade inscrita a favor de pessoa diversa do(s) requerido(s)/insolvente(s), deve o Juiz ordenar a citação do titular inscrito para declarar, no prazo de 10 dias, se o veículo lhe pertence. Se o citado declarar que o veículo lhe pertence, o Tribunal remeterá os interessados para os meios processuais comuns, expedindo-se certidão do facto à competente Conservatória, com a data da notificação da declaração, para ser anotada no registo [nº 4 do artº 119º].

Numa segunda situação, no Acórdão do Tribunal da Relação de Lisboa[226] podemos analisar um caso em que a reserva de propriedade de uma viatura foi feita a favor não do vendedor mas do financiador de um crédito de consumo.

Pode o administrador da insolvência apreender esses bens com reserva de propriedade para a massa insolvente?

O Acórdão destaca que não se pode reconhecer ao financiador do crédito de consumo um direito que eles não tem, porque é uma entidade terceira e não foi vendedor dos veículos, pelo que tais direitos de reserva de propriedade não existem. Assim se fará "justiça e permitirá manter a eficácia da apreensão destes bens a favor da massa insolvente, nos termos da sentença de insolvência".

> **Acórdão do Tribunal da Relação de Lisboa**
> **Processo 30611/12.5T2SNT-D.L1-6, 28/11/2013**
>
> A cláusula de reserva de propriedade apenas tem sentido quando relacionada com a transferência de propriedade, só podendo reservar a propriedade quem a tem. Ao financiador de crédito de consumo não se pode reconhecer um direito que ele não tem, porque é terceiro e não foi vendedor do veículo.

---

[226] MINISTÉRIO DA JUSTIÇA (2013), Tribunal da Relação de Lisboa, Acórdão Processo 30611/12.5T2SNT-D.L1-6, 27/11/2013, in *http://www.dgsi.pt/jtrl.nsf/33182fc732316039802565 fa00497eec/e2c66b8eb993950580257c54002f72aa?OpenDocument*.

Da leitura das duas situações anteriormente descritas, colocamos pois a seguinte questão: quem é ou deva ser o sujeito passivo de IUC. Quem é, de facto, o sujeito passivo de IUC?

Se atendermos ao disposto ao n.º 2 do art.º 3.º do CIUC quando define que são equiparados a sujeitos passivos de IUC os locatários financeiros, os adquirentes com reserva de propriedade, bem como outros titulares de direitos de opção de compra por força do contrato de locação, quem irá a AT tributar?

A verdade é que na prática continuará o IUC a ser exigido à massa insolvente, mesmo que legalmente existam casos em que a reserva de propriedade seja a favor do vendedor e as viaturas não possam ser apreendidas para a massa insolvente?

Questionamo-nos se não seria mais vantajosa uma solução que isentasse de IUC as viaturas arroladas em processo de insolvência.

Trata-se de uma discussão inacabada e controversa.

Na secção seguinte, faremos o enquadramento e análise dos benefícios fiscais no processo de insolvência.

5. Os benefícios fiscais no processo de insolvência

A lei concede excecionalmente a certos sujeitos passivos benefícios fiscais apesar de em relação a eles se verificarem os pressupostos que condicionam a sujeição a imposto.[227]

Por definição, e atendendo ao disposto no Estatuto dos Benefícios Fiscais (EBF), o benefício fiscal é um regime especial de tributação que envolve uma vantagem ou simplesmente um desagravamento fiscal perante o regime normal, assumindo-se como uma forma de isenção, redução de taxas, deduções à matéria coletável e à coleta, amortizações e reintegrações e/ou outras medidas fiscais desta natureza. O n.º1 do art.º 2.º do EBF reforça que se consideram benefícios fiscais as medidas de carácter excecional instituídas para tutela de interesses públicos extrafiscais relevantes que sejam superiores aos da própria tributação que impedem.

Para SALDANHA SANCHES (2010), a lei fiscal está sempre cheia de um conjunto de pequenas exceções, de regimes especiais, de benefícios fiscais

---

[227] Não podemos por isso confundir com a não-sujeição, já que ter isenção significa que se está "debaixo" da incidência do imposto, mas o sujeito passivo é desobrigado ao seu pagamento (beneficia de isenção). Não sujeição traduz uma realidade que não encontra enquadramento nas normas de incidência.

que, ainda que no seu cômputo final alterem profundamente a distribuição da carga tributária, escapam quase sempre à perceção da grande maioria dos contribuintes. São exceções que estilhaçam a lógica interna do sistema e os princípios de oneração, são um conjunto de "contra normas" (normas excecionais) que o contribuinte normal percebe mal, mas que lhe transmitem a noção (exata) de que as leis fiscais são injustas.[228]

Ainda que, conforme defende LOPES (2008), o abuso de benefícios fiscais, de regulamentações e os regimes de exceção sejam, em princípio, fonte de complexidade e constituam muitas vezes um incentivo à descoberta de novas vias para evasão fiscal, os próprios benefícios são justificados como políticas para encorajar certo tipo de comportamento mais desejável ou certas atividades.[229]

Por isso, e a propósito da legitimação e perigos dos benefícios fiscais[230], SALDANHA SANCHES (2010) destaca que a desigualdade de tratamento entre factos semelhantes com alguns excluídos de tributação exige uma justificação, sob pena de um regresso aos privilégios fiscais. Poderemos encontrar razões para a atribuição de um regime fiscal mais favorável, mas a multiplicação destas razões – e a consequente multiplicação de benefícios fiscais (que depois de serem concedidos tendem a perpetuar-se independentemente de um juízo renovado sobre a sua real eficácia) – é um dos problemas principais dos sistemas fiscais de hoje, destaca o autor.[231]

Aquando da publicação da Lei 39/2003, de 22 de agosto, que autorizava o Governo a aprovar o CIRE, o seu artº 9º já referia os benefícios fiscais no âmbito do processo de insolvência, por isso, quando o Decreto-lei nº 53/2004, de 18 de março que aprovou o CIRE foi publicado, referia a importância de manter-se no essencial os regimes existentes no CPEREF, quanto à isenção de emolumentos e benefícios fiscais.

Assim, o CIRE prevê por isso nos seus artº 269º a 270º benefícios fiscais no processo de insolvência, respetivamente em sede de impostos sobre o

---

[228] SALDANHA SANCHES, J.L. (2010), *Justiça Fiscal*, Fundação Francisco Manuel dos Santos, pp. 43.

[229] LOPES, Cidália Maria da Mota (2008), *Quanto custa pagar impostos em Portugal?*, Coimbra, Almedina, pp.124-127.

[230] Além da questão financeira, consideramos a posição dos contribuintes face a situações diferenciadoras.

[231] SALDANHA SANCHES, J. L. (2010), *Justiça Fiscal*, Fundação Francisco Manuel dos Santos, pp. 49.

rendimento das pessoas singulares e coletivas, imposto de selo e imposto municipal sobre as transmissões onerosas de imóveis, que analisaremos de seguida.

5.1. Benefícios Fiscais em sede de Imposto sobre o Rendimento das Pessoas Coletivas (IRC)

O CIRE prevê benefícios fiscais no processo de insolvência em sede de IRC, nos termos do seu artigo 268º.[232]

Os benefícios fiscais em sede de IRC a que alude o CIRE têm, em nossa opinião, uma força de estímulo para um determinado comportamento, nomeadamente nas figuras da dação em cumprimento e da cessão de bens, e nas variações patrimoniais, que resultam da alteração das dívidas do insolvente previstas num plano de insolvência ou num plano de pagamentos.

Consideramos por isso que, nas posições que tem tomado, a AT privilegia a manutenção das sociedades declaradas insolventes, preferindo o seu saneamento, e não tanto promove a sua liquidação, com vista à extinção, uma vez que os referidos benefícios fiscais são concedidos apenas na presença da extinção das obrigações sob a forma daquelas figuras jurídicas.

Podemos inclusivamente verificar que a AT defende que procedendo o administrador da insolvência, na qualidade de fiel depositário dos bens do devedor, como representante da massa insolvente, e não em nome próprio, à alienação onerosa de bens imóveis na mesma integrados, não poderá tal situação ser confundida com as mais-valias realizadas por efeito das figuras jurídicas da dação em cumprimento de bens do devedor (realização de uma prestação, diferente da que é devida, com o fim de extinguir imediatamente a obrigação) e da cessão de bens aos credores (em que o devedor encarrega os credores de liquidar o seu património ou

---

[232] Artigo 268º, CIRE – Benefícios relativos a impostos sobre o rendimento das pessoas singulares e coletivas – "1 – As mais-valias realizadas por efeito da dação em cumprimento de bens do devedor e da cessão de bens aos credores estão isentas de impostos sobre o rendimento das pessoas singulares e coletivas, não concorrendo para a determinação da matéria coletável do devedor. 2 – Não entram igualmente para a formação da matéria coletável do devedor as variações patrimoniais positivas resultantes das alterações das suas dívidas previstas em plano de insolvência, plano de pagamentos ou plano de recuperação. 3 – O valor dos créditos que for objeto de redução, ao abrigo de plano de insolvência, plano de pagamentos ou plano de recuperação, é considerado como custo ou perda do respetivo exercício, para efeitos de apuramento do lucro tributável dos sujeitos passivos do imposto sobre o rendimento das pessoas singulares e do imposto sobre o rendimento das pessoas coletivas".

parte dele e de repartirem entre si o respetivo produto para satisfação dos seus créditos) a que, expressamente, se refere o artº 268º, nº 1, do CIRE.[233]

FERNANDES e LABAREDA (2015)[234] esclarecem que os benefícios fiscais a que refere o CIRE contribuem para a concretização das medidas em que se inserem os atos e as isenções a que respeitam, nomeadamente a isenção de tributação, em sede de IRS e IRC, das mais-valias resultantes de atos de dação em cumprimento de bens do devedor e de cessão aos credores de bens ou elementos do ativo da empresa, não sendo as mais-valias tidas em conta na determinação da matéria-coletável dos referidos impostos. O mesmo se aplica no que se refere às variações patrimoniais positivas, que resultam da alteração das dívidas do insolvente previstas num plano de insolvência ou num plano de pagamentos. Os autores defendem ainda que o benefício fiscal previsto atua pela não consideração de tais variações patrimoniais na formação do lucro tributável em imposto sobre o rendimento das pessoas singulares e coletivas.

Mas o benefício fiscal ali previsto não se resume ao devedor insolvente. Também, no sentido de incentivar os credores, a apoiar as medidas de redução de crédito previstas em planos de insolvência ou de pagamentos, referem os autores FERNANDES e LABAREDA (2015)[235] o nº 3 do artº 268º do CIRE, estabelece em seu benefício, medidas que asseguram um tratamento fiscal mais favorável das consequências de tais medidas, relativamente à determinação da matéria coletável dos impostos sobre o rendimento. Parece-nos que os autores irão de encontro à posição da AT[236] quando evidenciam que uma vez que no âmbito da dação em cumprimento e da cessão de bens, se o devedor receber ainda alguma coisa do credor, essa fatia é passível de imposto, desde que corresponda a uma mais-valia efetiva, esclarecendo ainda que o que está isento é, pois, a mais-valia a que

---

[233] Conforme se extrai da leitura da Informação Vinculativa, Processo 5957/2010 da Direcção Geral dos Impostos. Ministério das Finanças e da Administração Pública (2010), Informação Vinculativa, Processo 5957/2010, *http://info.portaldasfinancas.gov.pt/NR/rdonlyres/B88EB745-5794-49A6-8C8C00AFC4C8030F/0/ProcN%C2%BA5957_2010IRS.pdf.*

[234] FERNANDES, Luís A. CARVALHO e LABAREDA, JoÃo (2015), *Código da Insolvência e de Recuperação de Empresas Anotado*, 3ª edição, Lisboa, Quid Juris, pp. 916-918.

[235] *Idem, ibidem.*

[236] A AT defende que só se pode afastar do âmbito da tributação por isenção aquilo que a priori está sujeito, pelo que se pressupõe a sujeição ao imposto das sociedades insolventes, independentemente de se decidir a sua liquidação ou a sua manutenção.

apenas corresponde diminuição do passivo, mas não também a que gera aumento do ativo, e que por isso justifica por si a sujeição a IRC.

O mesmo acontece no que se referem às variações patrimoniais positivas que resultam da alteração das dívidas do insolvente previstas num plano de insolvência ou num plano de pagamentos, nos termos do nº 2 do artigo 268º do CIRE. Pela natureza da situação coberta, só podem estar em causa alterações de dívidas no quadro de uma atividade empresarial, entendida no sentido do artº 5º [237], pois de outro modo, a modificação não é suscetível de encargos fiscais em sede de impostos sobre o rendimento[238].

Também de acordo com o Tribunal da Relação do Porto[239] podemos inclusivamente observar que a dação em cumprimento de bens móveis não deixa de operar a transmissão do direito de propriedade dos bens do devedor para o credor, pelo que mesma transmissão deveria ser declarada para efeitos de IRC, nos termos do artº 16º, nº 1 do CIRC, porque este imposto incide sobre o lucro tributável das sociedades comerciais (artº 3º, nº 1, al. a) do CIRC), para o qual contribuem todas as variações patrimoniais positivas ou negativas não refletidas no resultado líquido do período (artº 21º e artº 24º do CIRC).

Mas, a questão que colocamos é: porque não englobam os benefícios fiscais as vendas efetuadas pelo administrador da insolvência, para que indiscutivelmente estas não fossem tributadas, já que o efeito que se pretende é exatamente o mesmo – a satisfação dos credores da sociedade insolvente?

Também podemos interpretar o próprio artº 268º do CIRE, no sentido de que efetivamente só considera a isenção daquelas operações aí previstas, por serem as únicas em que efetivamente se deva considerar as sociedades insolventes sujeitos passivos de IRC, por continuarem a sua atividade, ainda que a AT venha referir na Circular nº 10/2015 que não se pode pressupor "qualquer tipo de exclusão do âmbito de incidência de impostos".

O facto de o legislador ser seletivo nas isenções parece ir no sentido de que apenas houve preocupação com atos de alienação de património em

---

[237] O artº 5º do CIRE define que "para efeitos deste Código, considera-se empresa toda a organização de capital e de trabalho destinada ao exercício de qualquer atividade económica".
[238] FERNANDES, LUÍS A. CARVALHO e LABAREDA, JOÃO (2015), *Código da Insolvência e de Recuperação de Empresas Anotado*, 3ª edição, Lisboa, Quid Juris, pp. 916-918.
[239] MINISTÉRIO DA JUSTIÇA (2006), Tribunal da Relação do Porto, Acórdão, Processo nº 0635505, 14/12/2006, in *http://www.dgsi.pt/jtrp.nsf/d1d5ce625d24df5380257583004ee7d7/3 6bc9ed778bf1a648025726100514f69?OpenDocument*.

que a entidade se vai manter em atividade, porque a liquidação ordinária do património não estará sujeita a imposto.

Senão é caso para perguntar: qual a lógica de isentar a dação de bens em pagamento aos credores e não as vendas a terceiros?

Tal não potencia a aceitação da dação em pagamento porque o benefício fiscal é para a insolvente e não para o credor. Tal isenção apenas faz sentido quando relacionada com um plano de insolvência e recuperação da atividade da insolvente para ajudar nessa recuperação, envolvendo os credores na solução. Daí que nos pareça que as isenções do artº 268º não terão em vista a liquidação e concluímos que o referido artigo não se aplicará às sociedades insolventes para as quais tenha sido deliberado o encerramento do seu estabelecimento, e posterior liquidação.

Podemos então concluir que as mais-valias realizadas por efeito da dação em cumprimento de bens do devedor e da cessão de bens aos credores e as variações patrimoniais positivas, resultantes das alterações das suas dívidas previstas em plano de insolvência ou em plano de pagamentos, pressupõem sempre a manutenção da sociedade insolvente, daí serem as únicas operações a constarem do artº 268º do CIRE e não as da sua liquidação, para as quais se subentende que haverá isenção.

O CIRE também prevê benefícios fiscais no processo de insolvência em sede de IS, nos termos do seu artigo 269º. [240]

Analisaremos, pois, já de seguida esses benefícios fiscais.

5.2.Benefício fiscal em sede de Imposto do Selo (IS)

Para FERNANDES e LABAREDA (2015)[241] o artº 269º do CIRE isenta da tributação em IS uma série de atos, quando previstos em planos de insol-

---

[240] Artigo 269º, CIRE – Benefícios relativos ao imposto do selo – "Estão isentos de imposto do selo, quando a ele se encontrem sujeitos, os seguintes atos, desde que previstos em planos de insolvência, de pagamentos ou de recuperação ou praticados no âmbito da liquidação da massa insolvente: a) As modificações dos prazos de vencimento ou das taxas de juro dos créditos sobre a insolvência; b) Os aumentos de capital, as conversões de créditos em capital e as alienações de capital; c) A constituição de nova sociedade ou sociedades; d) A dação em cumprimento de bens da empresa e a cessão de bens aos credores; e) A realização de operações de financiamento, o trespasse ou a cessão da exploração de estabelecimentos da empresa, a constituição de sociedades e a transferência de estabelecimentos comerciais, a venda, permuta ou cessão de elementos do ativo da empresa, bem como a locação de bens; f) A emissão de letras ou livranças".

[241] FERNANDES, Luís A. CARVALHO e LABAREDA, JOÃO (2015), *Código da Insolvência e de Recuperação de Empresas Anotado*, 3ª edição, Lisboa, Quid Juris, pp. 918.

vência, em planos de pagamentos ou praticados no âmbito da liquidação da massa insolvente, como também os atos deles decorrentes, que os credores possam exigir.

A AT (2008)[242] defende que as isenções em causa aplicam-se porque a lei não diferencia, independentemente de quem seja o sujeito passivo do imposto, a entidade devedora, os seus credores e ou alguns deles ou terceiros e que para que os benefícios produzam efeitos é impreterível que os atos isentos estejam previstos em planos de insolvência ou de pagamentos ou sejam praticados no âmbito da liquidação da massa insolvente.

Assim, mesmo na transmissão de bens imóveis separada da empresa ou do estabelecimento, para a AT há isenção de IS.

No entanto, a própria AT (2008)[243] toma uma posição crítica relativa a esta isenção de IS quando no referido parecer evidencia que se é defensável a existência de benefícios fiscais ao objetivo da recuperação da empresa, que resulte da aprovação de um plano de insolvência ou de pagamentos, não se vislumbram já quaisquer fundamentos para que, salvo nos casos em que a liquidação do ativo da empresa não prejudique a continuidade da atividade empresarial, a venda, permuta ou cessão dos elementos do ativo da empresa esteja isenta de imposto.

Conclui-se então que para a AT (2008)[244] a isenção em causa, refere-se à venda, permuta ou cessão de elementos do ativo da empresa, hipótese distinta da transmissão da globalidade do estabelecimento, caso em que estaria sujeita a IS e seria tributada pela verba 1.1. da Tabela Geral.

Para a AT (2008)[245], da redação da norma, depreende-se ainda que a isenção ali prevista também não se aplica quando os bens imóveis vendidos não integrarem o ativo da empresa vendedora, mas o ativo do locatário financeiro imobiliário.

Uma vez mais, verificamos que a isenção definida nos termos do CIRE alavanca a posição da AT em benefício da recuperação da empresa e não aos objetivos do interesse dos credores da sociedade insolvente, ainda que isso passe pela transmissão da universalidade do estabelecimento.

---

[242] Ministério das Finanças e da Administração Pública (2008), Parecer da Direção de Serviços Jurídicos e do Contencioso, Direção Geral dos Impostos, DSIMT, *www.notarios.pt/ NR/rdonlyres/61B4D407-F503.../ParecerdaDGI.pdf.*

[243] *Idem, ibidem.*

[244] *Idem, ibidem.*

[245] *Idem, ibidem.*

Pois, para a AT, na posição que reforça na Circular 10/2015, o artigo 269.º do CIRE "prevê isenção de imposto do selo para um elenco fechado de "atos" do qual não constam as "situações jurídicas" sujeitas a imposto do selo, que possam resultar da detenção de património com determinadas características num determinado momento e não em qualquer ato".

Não se compreende o objetivo do legislador, até porque conforme veremos, o mesmo não se aplica em sede de IMT.

O CIRE prevê então benefícios fiscais no processo de insolvência em sede de IMT, nos termos do seu artigo 270º. [246]

Vejamos então.

5.3. Benefício fiscal em sede de Imposto sobre as Transmissões Onerosas de Imóveis (IMT)

FERNANDES e LABAREDA (2015)[247] sublinham que, à semelhança do que já havia sido exposto para IS, o artº 270º do CIRE estabelece isenções de IMT, e uma vez mais a isenção é concedida aos atos em si mesmos, pelo que dela tanto beneficia o devedor como os seus credores.

Para a AT (2008)[248] as isenções previstas no artº 270 poderiam ser divididas em duas partes.

Numa primeira parte, com referência ao nº 1, as isenções apenas seriam aplicáveis às transmissões realizadas em qualquer plano de insolvência ou de pagamentos (ou também de recuperação[249]) e não aos atos praticados

---

[246] Artigo 270º, CIRE – Benefícios relativos ao imposto municipal sobre as transmissões onerosas de imóveis – "1 – Estão isentas de imposto municipal sobre as transmissões onerosas de imóveis as seguintes transmissões de bens imóveis, integradas em qualquer plano de insolvência, de pagamentos ou de recuperação: a) As que se destinem à constituição de nova sociedade ou sociedades e à realização do seu capital; b) As que se destinem à realização do aumento do capital da sociedade devedora; c) As que decorram da dação em cumprimento de bens da empresa e da cessão de bens aos credores. 2 – Estão igualmente isentos de imposto municipal sobre as transmissões onerosas de imóveis os atos de venda, permuta ou cessão da empresa ou de estabelecimentos desta integrados no âmbito de planos de insolvência, de pagamentos ou de recuperação ou praticados no âmbito da liquidação da massa insolvente".

[247] FERNANDES, Luís A. CARVALHO e LABAREDA, João (2015), *Código da Insolvência e de Recuperação de Empresas Anotado*, 3ª edição, Lisboa, Quid Juris, pp. 920.

[248] Ministério das Finanças e da Administração Pública (2008), Parecer da Direcção de Serviços Jurídicos e do Contencioso, Direção Geral dos Impostos, DSIMT, *www.notarios.pt/NR/rdonlyres/61B4D407-F503.../ParecerdaDGI.pdf*.

[249] Redação dada pela Lei nº 66-B/2012, de 31 de dezembro – Orçamento do Estado.

no âmbito da liquidação da massa insolvente. Numa segunda e última parte, com referência ao nº 2 do referido artigo, as isenções abrangeriam novamente todos os atos integrados no âmbito de planos de insolvência ou pagamentos (ou também de recuperação[250]) ou de liquidação da massa insolvente, com a reserva, no entanto, de o objeto da transmissão isenta ser a empresa ou o estabelecimento e não todos e quaisquer elementos do seu ativo.

Assim, para a AT a redação do nº 2 do artº 270º, seria clara no sentido da limitação das isenções de IMT previstas nessa norma legal, pelo que a transmissão onerosa de bens imóveis isoladamente da empresa ou do estabelecimento não estaria abrangida pela isenção, sem prejuízo, mesmo em caso de inexistência de planos de insolvência ou de pagamentos ou de recuperação, da aplicação da isenção das aquisições de imóveis por instituições de crédito em processo de insolvência, desde que se destinassem nos termos e condições do artº 8º do CIMT, como já havíamos explicitado anteriormente.

Tal explicar-se-ia porque o artº 8º do CIMT elenca a figura jurídica da dação em cumprimento, quando define que são isentas do IMT as aquisições de imóveis por instituições de crédito ou por outro credor, bem como as efetuadas em processo de falência ou de insolvência, desde que em qualquer caso, se destinem à realização de créditos resultantes de empréstimos feitos ou de fianças prestadas, cujo benefício fiscal se encontra descrito na alínea c) do no nº 1 do artº 270º do CIRE.

Seria assim, que para a AT fosse essencial para a aplicação da isenção prevista no nº 2 do referido artigo 270º do CIRE que a transmissão abrangesse a universalidade da empresa ou estabelecimento, posição aliás reforçada na Circular nº 10/2015.

De referir, no entanto, que conforme defendia a AT, não existia obstáculo legal à transmissão de bens imóveis separada da empresa ou do estabelecimento, desde que a universalidade da empresa ou do estabelecimento não fosse afetada nos seus elementos essenciais, mas essa transmissão estaria sujeita nos termos gerais a IMT, salvo quando se verificasse o condicionalismo específico do referido artº 8º do CIMT.

---

[250] *Idem, Ibidem.*

Ficaria então clara a posição da AT[251]. Quando se tratasse das figuras jurídicas da dação em cumprimento e da cessão de bens aos credores, enquanto transmissões onerosas de imóveis integradas em qualquer plano de insolvência ou de pagamentos, estariam isentas de IMT, nos termos do nº 1 do artº 270º do CIRE; já na transmissão isolada de um imóvel, não teriam aplicabilidade os benefícios previstos no nº 2 do artigo 270º do mesmo diploma, se essa transmissão não se integrasse na universalidade da empresa ou do estabelecimento, mesmo que no âmbito de plano de insolvência, de pagamentos ou de recuperação ou de liquidação da massa insolvente.

Na verdade, não foi fácil compreender aquela que parecia a orientação do legislador, defendida pela AT. Pois, naquela perspetiva da AT, a recuperação da sociedade insolvente é que deveria ser o objetivo primário do processo de insolvência. E sempre entendemos que a isenção nesses termos poderia não privilegiar os interesses dos credores da sociedade insolvente, nomeadamente quando a decisão da assembleia de credores fosse no sentido da liquidação e não da recuperação da sociedade insolvente.

Inclusivamente, a problemática parecia acentuar-se já que nos termos do Acórdão do Supremo Tribunal Administrativo[252] sempre entendemos que a redação do nº 2 do artigo 270º do CIRE não seria clara, e a mesma deveria ser interpretada, no sentido de a isenção de IMT ali consignada abranger não apenas as vendas da empresa ou estabelecimentos desta, enquanto universalidades de bens, mas também as vendas de elementos do seu ativo, desde que integradas no âmbito de plano de insolvência ou de pagamentos (ou de recuperação[253]) ou praticados no âmbito da liquidação da massa insolvente.

---

[251] Reforçada pela Informação Vinculativa, Processo 20090001914 da Direção Geral dos Impostos. Ministério das Finanças e da Administração Pública (2009), Informação Vinculativa, Processo 20090001914 de 24/03/2009, *in http://info.portaldasfinancas.gov. pt/NR/rdonlyres/9457FA20-443D-46EF-BB6E-14EFE80D2DB5/0/IVE%20431%20-%20 1914_2009%20-%20CIRE.pdf.*

[252] MINISTÉRIO DA JUSTIÇA (2013), Supremo Tribunal Administrativo, Acórdão Processo 0765/13, 03/07/2013, *http://www.dgsi.pt/jsta.nsf/35fbbbf22e1bb1e680256f8e003ea931/9c68c763 d8eb1a1580257ba3004cca44?OpenDocument&ExpandSection=1.*

[253] Redação dada pela Lei nº 66-B/2012, de 31 de dezembro – Orçamento do Estado.

O SISTEMA FISCAL PORTUGUÊS NA INSOLVÊNCIA

> **Acórdão do Supremo Tribunal Administrativo**
> **Processo 0765/13, 03/07/2013**
>
> O nº 2 do artigo 270º do CIRE, cuja redação não é clara no que respeita ao âmbito da isenção de IMT aí consignada, poderá, quando muito, interpretar--se como abrangendo não apenas as vendas da empresa ou estabelecimentos desta, enquanto universalidades de bens, mas também as vendas de elementos do seu ativo, desde que integradas no âmbito de plano de insolvência ou de pagamentos ou praticados no âmbito da liquidação da massa insolvente. Assim sendo, a referida isenção não abrange a venda de prédio urbano destinado à habitação, que pertence a pessoa singular, não bastando para beneficiar daquela isenção o facto de se tratar de atos de venda praticados no âmbito da liquidação da massa insolvente, independentemente da mesma pertencer a pessoa singular ou coletiva (entidade empresarial).

Esta posição já havia também sido pronunciada noutro Acórdão do Supremo Tribunal Administrativo[254], que referia que o nº 2 do artigo 270º do CIRE, cuja redação não é clara no que respeita ao âmbito da isenção de IMT aí consignada, deve ser interpretado em conformidade com a alínea c) do nº 3 do artigo 9º da Lei nº 39/2003, de 22 de Agosto[255], pois que entre dois sentidos da lei, ambos com apoio – pelo menos mínimo – na respetiva letra, deve o intérprete optar por aquele que o compatibilize com o texto constitucional (*interpretação conforme à Constituição*), em detrimento da interpretação que o vicie de inconstitucionalidade.

---

[254] MINISTÉRIO DA JUSTIÇA (2011), Supremo Tribunal Administrativo, Acórdão Processo 0949/11, 30/05/2012,in *http://www.dgsi.pt/jsta.nsf/35fbbbf22e1bb1e680256f8e003ea931/82c4c3 17ca96d1c280257a1a0047ce48?OpenDocument.*

[255] Lei nº 39/2003, de 22 de agosto, que autorizou o Governo a legislar sobre a insolvência de pessoas coletivas e singulares, nomeadamente a autorizar a aprovação do CIRE: (...) Artº 9º Benefícios fiscais no âmbito do processo de insolvência (...): 3 — Fica, finalmente, o Governo autorizado a isentar de imposto municipal de sisa as seguintes transmissões de bens imóveis, integradas em qualquer plano de insolvência ou de pagamentos ou realizadas no âmbito da liquidação da massa insolvente: (...) *c*) As que decorram da cedência a terceiros ou da alienação de participações representativas do capital da sociedade, da dação em cumprimento de bens da empresa e da cessão de bens aos credores, da venda, permuta ou cessão da empresa, estabelecimentos ou elementos dos seus ativos, bem como dos arrendamentos a longo prazo. (...).

> **Acórdão do Supremo Tribunal Administrativo**
> **Processo 0949/11, 30/05/2012**
>
> O nº 2 do artigo 270º do CIRE, cuja redação não é clara no que respeita ao âmbito da isenção de IMT aí consignada, deve ser interpretado em conformidade com a alínea c) do nº 3 do artigo 9º da Lei nº 39/2003, de 22 de Agosto, pois que entre dois sentidos da lei, ambos com apoio – pelo menos mínimo – na respetiva letra, deve o intérprete optar por aquele que o compatibilize com o texto constitucional (interpretação conforme à Constituição), em detrimento da interpretação que o vicie de inconstitucionalidade. Como tal, deve entender-se estarem isentas de IMT não apenas as vendas da empresa ou estabelecimentos desta, enquanto universalidades de bens, mas também as vendas de elementos do seu ativo, desde que integradas no âmbito de plano de insolvência ou de pagamentos ou praticados no âmbito da liquidação da massa insolvente.

Mais recentemente, os Acórdãos do SupremoTribunal Administrativo,[256] vieram esclarecer que a isenção de IMT prevista pelo nº 2 do artº 270º do CIRE aplica-se, "não apenas às vendas ou permutas de empresas ou estabelecimentos enquanto universalidade de bens, mas também às vendas e permutas de imóveis (enquanto elementos do seu ativo), desde que enquadradas no âmbito de um plano de insolvência ou de pagamento, ou praticados no âmbito da liquidação da massa insolvente".

---

[256] MINISTÉRIO DA JUSTIÇA (2017), Supremo Tribunal Administrativo, Acórdão Processo 0724/16, 01/02/2017, http://www.dgsi.pt/jsta.nsf/35fbbbf22e1bb1e680256f8e003ea931/7feb f56a9104f8ae802580bf005af499?OpenDocument&ExpandSection=1; Ministério da Justiça (2016), Supremo Tribunal Administrativo, Acórdão Processo 01350/15, 20/01/2016, http://www.dgsi.pt/jsta.nsf/35fbbbf22e1bb1e680256f8e003ea931/fb 2a61c2ad3301c480257f4500 504396?OpenDocument&ExpandSection=1.
MINISTÉRIO DA JUSTIÇA (2016), Supremo Tribunal Administrativo, Acórdão Processo 01350/15, 20/01/2016, http://www.dgsi.pt/jsta.nsf/35fbbbf22e1bb1e680256f8e003ea931/fb 2a61c2ad3301c480257f4500504396?OpenDocument&ExpandSection=1.

> **Acórdãos do Supremo Tribunal Administrativo**
> **Processo 0724/16, 01/02/2017**
> **Processo 01350/15, 20/01/2016**
>
> A isenção de IMT prevista pelo nº 2 do art. 270º do CIRE aplica-se, não apenas às vendas ou permutas de empresas ou estabelecimentos enquanto universalidade de bens, mas também às vendas e permutas de imóveis (enquanto elementos do seu ativo), desde que enquadradas no âmbito de um plano de insolvência ou de pagamento, ou praticados no âmbito da liquidação da massa insolvente.

Nesse sentido, e porque está previsto que a AT pode rever as suas posições face à jurisprudência dos tribunais superiores, foi publicada a Circular 4/2017, que substitui o conteúdo da Circular 10/2015, no que toca a esta temática. Assim, a AT entende que "a aplicação dos benefícios fiscais previstos no nº 2 do artigo 270º do CIRE não depende da coisa vendida, permutada ou cedida abranger a universalidade da empresa insolvente ou um seu estabelecimento".

Pelo que, "os atos de venda, permuta ou cessão, de forma isolada, de imóveis da empresa ou de estabelecimentos desta estão isentos de IMT, desde que integrados no âmbito de planos de insolvência, de pagamentos ou de recuperação ou praticados no âmbito da liquidação da massa insolvente"[257].

6. Notas conclusivas

Neste capítulo analisámos e discutimos o regime fiscal da insolvência, nomeadamente no que diz respeito à tributação das sociedades insolventes em sede de IRC, IVA, IMI, IMT, IS e IUC. Apresentámos ainda os benefícios fiscais no processo de insolvência, bem como discutimos a sua aplicação prática.

No que diz respeito ao regime fiscal de uma sociedade insolvente, nomeadamente quando se decide a sua liquidação e a não manutenção da empresa em questão, as respostas obtidas não são pacíficas para a maioria dos AI.

---

[257] Circular nº 4/2017, de 10 de fevereiro, in http://info.portaldasfinancas.gov.pt/ NR/rdonlyres/101D68AD-0366-4B37-A491-903E7EC938FF/0/Circular_4_2017_ Insolv%C3%AAncia-.pdf

A AT defende que a sujeição às normas de incidência fiscal, mesmo em fase de liquidação dos ativos insolventes nada terá de extraordinário à luz dos princípios subjacentes à tributação das empresas em geral.

A própria jurisprudência portuguesa não é consensual e alimenta a controvérsia à volta do regime fiscal das sociedades insolventes.

No próximo capítulo apresentamos e analisamos os principais estudos internacionais que versam sobre a tributação das sociedades insolventes.

Capítulo IV
A TRIBUTAÇÃO DAS SOCIEDADES INSOLVENTES: ESTUDO COMPARATIVO NO CONTEXTO INTERNACIONAL

1. Introdução
Nesta parte do nosso estudo procedemos à elaboração de comparações internacionais, com enfoque no regime fiscal das sociedades insolventes. Pretendemos sobretudo destacar o quanto a questão fiscal não é pacífica, quer no contexto nacional, quer no internacional.

A análise comparativa será apresentada da forma que se segue. Em primeiro lugar, estuda-se de forma breve o processo de insolvência e em segundo abordam-se as principais questões fiscais levantadas.

A nossa escolha recaiu sobre o regime insolvencial no Brasil, em Espanha, nos Estados Unidos e na Itália, por constituírem os países que mais têm investigado esta matéria.

2. A tributação das sociedades insolventes – comparações internacionais e resultados de estudos no Brasil, em Espanha, nos EUA e na Itália

2.1. A insolvência no Brasil
No Brasil, o instituto da falência é atualmente regulado pelas disposições da Lei de Recuperação de Empresas e Falências, a qual trata da recupe-

ração extrajudicial e da falência do empresário individual e da sociedade empresária.[258]

Decretada a falência é aberto o concurso de credores com o fim de se arrecadar o ativo da sociedade e realizá-lo para pagamento do passivo verificado nos autos do processo de falência. A decretação da falência dá início ao processo de dissolução da sociedade. A personalidade jurídica da sociedade permanece intocada ao longo do processo de falência, embora outros aspetos da sua atividade sofram alterações, como a própria condução dos negócios sociais remanescentes, que passa à figura do administrador judicial, contudo os sócios ou acionistas conservam parte dos seus demais direitos patrimoniais perante a sociedade. A extinção da sociedade não se confunde com a dissolução e ocorre com o cancelamento da inscrição da pessoa jurídica, tal como quando surge com o registo, a sua extinção está sujeita à mesma obrigação. A extinção só acontece, após o término do "processo liquidatório".

O fenómeno da insolvência empresarial tem sido objeto de estudo nas mais diversas áreas, e a controvérsia tem acompanhado desde sempre, a sua abordagem. FERNANDES e MARIO (2010) sublinham, a este propósito, a complexidade do tema, que se torna ainda mais polémico quando abraça outro tema como a tributação das sociedades insolventes.[259] Os autores destacam que com a falência o falido é desapossado do seu património e surge a massa falida, como uma "entidade contábil para fins e análises e controles", mas que não possui personalidade jurídica no direito positivo brasileiro e que muito menos se equipara a "pessoa para fins tributários".[260]

Contrariamente ao caso de Portugal, em que a AT sempre defendeu que as sociedades insolventes devem ser tributadas, os autores referem que existiram vários Pareceres Normativos da Secretaria da Receita Federal que reconheciam que a massa falida não se sujeitava às normas tributárias, já que aquela possui apenas a propriedade nominal dos bens arrecadados, sendo a administração da responsabilidade do administrador judicial.

---

[258] Brasil, LEI No 11.101, DE 9 DE FEVEREIRO DE 2005, Presidência da República, Brasil, in *http://www.planalto.gov.br/ccivil_03/_ato2004-2006/2005/lei/l11101.htm.*

[259] FERNANDES, Carolina M., MARIO, Poueri do Carmo (2010), "Ensaio sobre a essência contabil versus a forma juridica: (D)efeitos na tributação de uma massa falida", Brasil, Universidade Federal de Minas Gerais, in: *http://www.congressousp.fipecafi.org/artigos102010/453.pdf.*, pp. 1.

[260] *Idem, ibidem*, pp. 2.

ESTUDO COMPARATIVO NO CONTEXTO INTERNACIONAL

Ainda que a lei brasileira tenha considerado várias alterações às normas vigentes, no que toca à sujeição da massa falida[261], os mesmos evidenciam que é um assunto muito polémico, sobretudo pelo facto de que "a tributação ou não da massa falida se relaciona diretamente com o pressuposto da essência económica da entidade contábil em contraposição ao da forma jurídica personificada ou não, trazendo à dimensão atual pontos conflituantes e seus possíveis efeitos".[262]

Realçamos ainda o facto de os autores não concordarem com a incidência de tributação sobre o património realizado, quando referem a liquidação total dos ativos para pagamentos de credores, já que não se pode tratar a venda em bloco dos ativos como uma receita, pois trata-se apenas do "melhor valor obtido" daqueles ativos em "processo forçado". A tributação sobre os recursos apreendidos para a massa falida para saldar as suas dívidas não tem sustentação económica, nem mesmo jurídica. O que se tributa é o património e não a receita e, "mais ainda, as garantias que sobraram para os credores".[263]

Por um lado, e à semelhança do que acontece em Portugal, para MARQUES (2005) o "tributo" é o principal elo de ligação entre o regime tributário e o regime falimentar, mas, no que se refere aos créditos fiscais, evidencia que existe uma ordem a ser seguida, sendo que os créditos ao administrador judicial e auxiliares, bem como os créditos aos serviços prestados à massa, despesas e custas judiciais com o processo de falência devem ser atendidos em primeiro lugar. Pois, somente após o cumprimento de todas as obrigações supramencionadas é que, finalmente, se pode pensar em pagar o "crédito tributário devido pela massa falida". A reestruturação do

---

[261] Lei do Ajuste Tributário nº 9.430, de 27 de dezembro de 1996, Artº 60, Liquidação Extra-Judicial e Falência: "As entidades submetidas aos regimes de liquidação extrajudicial e de falência sujeitam-se às normas de incidência dos impostos e contribuições de competência da União aplicáveis às pessoas jurídicas, em relação às operações praticadas durante o período em que perdurarem os procedimentos para a realização de seu ativo e o pagamento do passivo", in *http://www.receita.fazenda.gov.br/legislacao/leis/ant2001/lei943096.htm.*

[262] FERNANDES, Carolina M., MARIO, Poueri do Carmo (2010), "Ensaio sobre a essência contabil versus a forma juridica: (D)efeitos na tributação de uma massa falida", Brasil, Universidade Federal de Minas Gerais, in: *http://www.congressousp.fipecafi.org/artigos102010/453.pdf.,* pp. 3.

[263] *Idem, Ibidem,* pp. 6.

regime jurídico da insolvência era necessária, com o objetivo principal de se aproximar os dois regimes.[264]

Por outro lado, SPADOTTO (2005)[265] refere que os "débitos tributários" constituem um dos principais entraves para a recuperação económica de uma empresa, e que pela "antiga sistemática, o adquirente da empresa cuja quebra tinha sido decretada sub-rogava-se nas obrigações tributárias da empresa a qual a alienação havia recaído", mas com essa "nova sistemática adotada pelo legislador, as dívidas tributárias que venham a recair sobre a venda dos bens do ativo da empresa não poderão ser exigidas do adquirente".

2.2. A insolvência em Espanha

Em Espanha, a *Ley Concursal*[266] estabelece um único procedimento judicial para tratar o processo desencadeado pela insolvência de um devedor, o denominado *"concurso de acreedores"* (falência). O devedor encontra-se em situação de insolvência quando não pode cumprir regularmente as suas obrigações financeiras vencidas.[267] A insolvência é o único procedimento aplicável tanto aos devedores civis como aos comerciantes, independentemente de se tratar de pessoas singulares ou coletivas. Tem como objetivo principal satisfazer os créditos dos credores na medida do possível, muito embora para a prossecução desta finalidade a Lei dê preferência às soluções que facilitem a continuidade da empresa e dos postos de trabalho.[268]

Uma vez declarada a falência, inicia-se uma fase comum do procedimento em que se procede à elaboração do inventário dos ativos do devedor, bem como da lista de credores, devidamente classificados. A liquidação repre-

---

[264] MARQUES, L.A. (2005), "O tributo e o seu tratamento no novo regime jurídico de insolvência empresarial", Brasil, in *www.miggo.com.br/imgarq/176/248700_533.doc.*

[265] SPADOTTO, Rafael D. C. (2005), "A venda de bens da massa falida e sua respetiva tributação sob a ótica da nova lei de falências", Brasil, in *http://www.ibrademp.org.br/arquivos/nova_lei_de_falencias2.pdf.*

[266] Espanha, Ley Concursal 22/2003, de 9 de julio, Cortes Generales, Espanha, in *http://noticias.juridicas.com/base_datos/Privado/l22-2003.html.*

[267] In *http://ec.europa.eu/civiljustice/bankruptcy/bankruptcy_spa_pt.htm.*

[268] Posição que é criticável por ESCOLÀ, M. E. (2004), quando defende que embora o Ministério da Justiça insista em destacar que a finalidade da nova regulação da falência é apoiar e assegurar a continuidade de empresas viáveis que estão temporariamente envolvidas numa situação de insolvência, a regulamentação estará longe de facilitar a realização desse objetivo, pois para a autora o pagamento das dívidas é o principal objetivo do novo regulamento, in "New Bankruptcy Act in Spain", Espanha, *BROSA Abocados Y Economists, in http://www.imakenews.com/iln/new_bankruptcy_act_spain.pdf,* pp.1.

senta a solução alternativa ao acordo, apresentando natureza acessória. Apenas se dá início a um processo de liquidação quando for expressamente apresentado um pedido para o efeito e sempre que o acordo não tiver sido aceite, aprovado ou respeitado. A liquidação pressupõe a dissolução da sociedade ou da pessoa coletiva devedora.

Quanto às questões tributárias levantadas no processo de insolvência, evidenciamos o artigo de opinião de MEDINA (2012) que se refere às implicações fiscais na reforma da *Ley Concursal*, nomeadamente ao facto de a reforma ter sido acompanhada por uma série de outras alterações legislativas como por exemplo ao nível da *Ley General Tributaria*. Para o autor esta alteração terá um impacto que considera que não vai gerar qualquer benefício para o *"concurso de acreedores"*, já que ao se favorecer a posição de crédito dos credores públicos em caso de falência, deixará de salvaguardar a posição dos credores, que é o principal interesse do processo de insolvência, mas ceder ao interesse público, que sairá favorecido em detrimento dos operadores económicos.[269] O autor apresenta ainda o exemplo da prática de insolvência britânica que, após a abolição dos privilégios dos créditos públicos, permitiu uma satisfação maior dos credores, e que permitiu aumentar as suas *"rentas disponibles"* e consequentemente as suas possibilidades de investimento e consumo, estimulando assim a economia e, naturalmente, a receita fiscal do governo.[270] Em Portugal, as questões dos privilégios creditórios estão definidas de forma semelhante, no entanto a tributação das sociedades insolventes não tem em conta, em nossa opinião, o estímulo da economia.

---

[269] Tradução livre do original: "Sin embargo, no creemos, en absoluto, que el favorecimiento de la posición crediticia de los acreedores públicos en el concurso de acreedores vaya a generar ningún tipo de beneficio para el interés del concurso, el cual, no olvidemos, es principalmente el interés de los acreedores y no el subsidiario interés público implícito en el interés principal del mismo de forma indirecta, de forma tal que ese supuesto interés público se vea doblemente favorecido en detrimento de los "sufridos" operadores económicos generadores de riqueza y mayores ingresos públicos", MEDINA, J. R. S. (2012), "Implicaciones fiscales de la reforma concursal", Espanha, in *http://www.diariojuridico.com/opinion/implicaciones-fiscales-de-la-reforma-concursal.html.*

[270] *Idem, Ibidem.* Tradução livre do original: "Y ello en efecto es así, como ha puesto de manifiesto la práctica concursal británica tras la supresión de los privilegios del crédito público, si la satisfacción de los acreedores ordinarios fuese mayor, aumentarían sus respectivas rentas disponibles y, con ello, sus posibilidades de inversión y consumo; y sólo entonces, con esta necesaria -y drástica- reducción de los privilegios del crédito público, podría estimularse la Economía y, en consecuencia, la recaudación fiscal de las Administraciones Públicas".

2.3. A insolvência nos Estados Unidos

O processo de insolvência norte-americano é regulamentado pela lei federal, no *Bankruptcy Code*.[271] A proteção aos credores é a base do ordenamento legal do código. A lei norte-americana prevê também diferentes tipos de proteção ao devedor, dependendo se o objetivo será de reorganizar as dívidas pessoais da empresa (sendo diferente no caso de produtor rural), ou de entidades públicas ou se se tratar de simples liquidação dos bens e das dívidas, no caso de os ativos não permitirem a recuperação do devedor. O *Bankruptcy Code* aborda a reorganização, que com a sua concessão, a empresa, tendo uma prorrogação temporária nos seus pagamentos e um perdão mesmo que parcial de seus débitos, volta a ter seu *status* de empresa viável, e assim evita a sua liquidação- o objetivo é salvaguardar a sociedade. Já no que toca à liquidação, é indicada apenas para aquelas entidades que não possuem nenhuma hipótese de saldar as dívidas aos credores, onde é feita a liquidação de todo o património do devedor.

NEWTON (2000) no que se refere à temática da tributação na insolvência, e apesar de apelar à consciência fiscal, evidencia o efeito do imposto de determinadas operações, que pode impor maiores dificuldades às entidades que se encontram em insolvência, já de per si numa posição financeira débil. Não é incomum na falência a realização de lucro tributável durante o período de administração, a partir da venda de todos ou parte dos ativos ou de recuperações tributáveis, no entanto, as transações operacionais líquidas de perdas e outras deduções fiscais são muitas vezes incapazes de compensação para minimizar o efeito do imposto.[272] É o que acontece na nossa opinião em Portugal, mas que consideramos que a AT não reconhece.

---

[271] USA Bankruptcy Code (2009), USA, Office of the Law Revision Counsel, in *http://uscode.house.gov/pdf/2009/2009usc11.pdf.*

[272] Tradução livre do original: "The income tax effect of certain transactions during the administration period and of tax assessments related to prebankruptcy periods can impose undue hardship on the bankrupt, who is already in a tenuous financial position. It is not uncommon for a bankrupt to realize substantial taxable income during the administration period, from the sale of all or part of the assets or from taxable recoveries. Net operating loss carryovers and other offsetting tax deductions are often unable to minimize the income tax effect", NEWTON, G.w. (2000), *Bankruptcy and Insolvency Accounting Practice and Procedure* – 6th ed. vol. 1, New Jersey, John Wiley & Sons, Inc., pp. 623.

KRAUSE e KAPILOFF (1966)[273] afirmam que quando a massa falida é criada existe uma imposição de imposto diretamente contra a propriedade e contra os credores, indiretamente pela redução do seu dividendo na falência, pelo que o efeito da falência é transferir a carga fiscal do devedor para os credores. O Governo recebe um imposto em virtude do processo de falência, que é obtido à custa dos credores, por isso, a questão do lucro tributável, durante a administração de propriedade numa falência é repleta de considerações de ordem social e económica. Em Portugal, esta posição é muitas vezes defendida na jurisprudência, mas a AT não a considera relevante, pelo que, em nossa opinião, o Estado acaba por não cumprir a sua função de proteção, nomeadamente no que toca aos credores, que são sacrificados no processo de insolvência, acabando por receber ainda menos do que é possível obter, quando a massa insolvente é tributada.

2.4. A insolvência em Itália

A lei italiana[274] considera a insolvência uma situação de facto, que pode conduzir à declaração de insolvência ou à instauração de outros processos destinados a subtrair bens à disponibilidade do devedor e à liquidação dos mesmos para satisfazer os credores com o ativo obtido.[275]

O ordenamento jurídico italiano prevê duas hipóteses de procedimentos cautelares.

Um decorre de um acordo extrajudicial entre o devedor e os seus credores, em virtude do qual este pode continuar a exercer a sua atividade, cedendo eventualmente uma parte do património da empresa aos credores

---

[273] Tradução livre do original: "Since the creation of the new entity occurs without the imposition of tax, any realized gain upon the disposition of the bankrupt's property results in the imposition of tax directly against the estate and indirectly against the creditors by the reduction of their bankruptcy dividend. Thus, the incidence of bankruptcy has the effect of shifting the tax from the debtor to his creditors. The Government receives a tax windfall by virtue of the bankruptcy proceedings, which is at the expense of the creditors. The question of taxable income during the administration of a bankrupt estate is fraught with social and economic considerations", KRAUSE S., KAPILOFF A Y. (1966), "Symposium, Creditors' Rights, The Bankrupt Estate, Taxable Income and the Trustee in Bankruptcy", Nova Iorque, in *http://ir.lawnet.fordham.edu/cgi/*, pp. 418-419.

[274] A lei da insolvência italiana foi reformada, tendo sido recentemente publicada a Itália, *LEGGE 7 agosto 2012, n. 134, Ministero del Lavoro e delle Politiche Sociali, Itália, in http://www.lavoro.gov.it/NR/rdonlyres/8542D822-BE88-46F6-9463-B482742F896C/0/20120807_L_134.pdf.*

[275] In *http://ec.europa.eu/civiljustice/bankruptcy/bankruptcy_ita_pt.htm.*

e/ou obtendo destes diferimentos de pagamento ou renúncia total ou parcial aos créditos e/ou aos juros.

O outro está previsto na lei da insolvência e denomina-se concordata (*concordato preventivo*). Este processo é proposto aos credores pelo devedor com base num plano de recuperação ou de reestruturação das dívidas por si elaborado. A proposta é seguidamente examinada pelo tribunal da sede principal da empresa que pode admitir o

processo por decisão, ou pode declarar a proposta inadmissível, pronunciando oficiosamente a insolvência da empresa. Durante o processo de concordata, se este for admitido, o devedor conserva a administração dos seus bens e o exercício da empresa sob a vigilância de um comissário judicial. Os processos formais que decorrem da insolvência são os seguintes: a insolvência, a concordata e a liquidação sob administração judicial (*liquidazione coatta amministrativa*). A esta são submetidas determinadas empresas, que pela sua importância (como, por exemplo, instituições de crédito ou grandes empresas de seguros) são excluídas da insolvência por lei. No processo de insolvência o administrador da insolvência deve receber o pagamento dos créditos, vender bens e determinar o montante do passivo com base nas reclamações dos credores. Se das operações de liquidação se obtiver um saldo positivo, o seu montante é distribuído pelos credores de acordo com os direitos de prioridade. Se o passivo for superior ao ativo, os credores conservam o direito ao pagamento do que lhes é devido, mesmo após o encerramento do processo de insolvência, a menos que o devedor tenha colaborado de forma correta no processo de insolvência e seja admitido por decisão do tribunal ao benefício da libertação das dívidas residuais por efeito de uma nova figura jurídica introduzida pela recente reforma da lei da insolvência, denominada "*esdebitazione*".

Também no regime fiscal, a insolvência em Itália gera algumas controvérsias. A propósito da reforma da lei da insolvência italiana, TOSI (2005) evidencia a utilidade de se fazer um balanço da situação, tentando identificar as orientações do legislador de acordo com as perspetivas de inovação no sistema tributário – as implicações de natureza fiscal. E é necessário porque segundo o autor, muitos dos problemas que surgem para a correta identificação do tratamento aplicável a processos fiscais acontecem por sobreposição entre as leis fiscais e a lei de falências, e por isso, nesse contexto, é vantajoso para abordar as questões levantadas no passado sobre a disciplina fiscal no processo de insolvência, o legislador resolver

ESTUDO COMPARATIVO NO CONTEXTO INTERNACIONAL

definitivamente o quadro regulamentar. [276] É uma situação, conforme já pudemos analisar, em tudo semelhante ao que acontece em Portugal e por isso também é exigível a simplificação do sistema fiscal, principalmente no que toca ao regime fiscal das sociedades insolventes.

Também BUSA (2005) aponta um dos principais problemas da tributação da liquidação dos ativos e resultante satisfação dos credores, uma vez que é intenção do legislador submeter à tributação somente o resultado positivo do procedimento de insolvência, criando uma solução definitiva de continuidade do regime fiscal comum. Esta exigência, no entanto, não está de acordo com o propósito de liquidação, principalmente da regra em vigor nos procedimentos de falência. Isto porque, a solução definitiva para a atividade da empresa que se encontra em insolvência, é a sua liquidação, pelo que não faz sentido existir a preocupação de tributação, já que a atividade empresarial após a insolvência não deve estar sujeita a imposto, pelo que se julga injustificável tal imposição. [277] Mais uma vez, podemos aferir que a AT em Portugal também poderia considerar estes factos.

3. Notas conclusivas

Existem de facto muitas dúvidas no que toca ao enquadramento fiscal de uma sociedade insolvente, nomeadamente quando se decide pela sua

---

[276] Tradução livre do original: "È dunque utile fare il punto della situazione, tentando individuare quali saranno le linee guida che il legislatore segurà nell'ambito delle anzidette riforme e verificando – anche in funzione delle prospettive di innovazione del sistema tributario – quali potranno essere le conseguenti implicazioni di natura fiscale. In tale contesto sarà perciò utile affrontare le questioni sorte in passato in merito alla disciplina tributaria delle procedure concursuali, nella speranza che il legislatore si prefigga di risolverle definitivamente, nonché i possibili profili critici che potrebbero emergere a seguito della modifica e dell'integrazione dell'attuale assetto normativo", Tosi, Loris (2005), *Problematiche fiscali del fallimento e prospettive di riforma*, Itália, CEDAM, AEST (Associazione Europea Studi Tributari, collana direta da Francesco Moschetti e Loris Tosi), pp. XI.

[277] Tradução livre do original: "Da quanto affermato emerge in modo evidente l'intenzione del legislatore di sottoporre a tassazione esclusivamente il risultato positivo della procedura concursale, creando in definitva una soluzione di continuità con l'ordinario regime fiscale. Tale esigenza, tuttavia, mal se concilia con la finalità principalmente liquidatoria dell'attuale disciplina delle procedure concursuali. Ciò in quanto, se il falimento deve condurre alla definitiva liquidazione dell'atività dell'impresa, sorge la preoccupazione di recuperare a tassazione materia imponibile che una volta cessata l'attività imprenditoriale, potrebbe non essere assoggettata all'imposizione", Cfr. Busa, V. in Tosi, Loris (2005), *Problematiche fiscali del fallimento e prospettive di riforma*, Itália, CEDAM, AEST (Associazione Europea Studi Tributari, collana direta da Francesco Moschetti e Loris Tosi), pp. 20.

liquidação. É uma polémica que vai além do caso de Portugal, como pudemos observar.

Ao analisarmos os diversos autores internacionais, nomeadamente no Brasil, em Espanha, nos Estados Unidos e em Itália, verificamos que o propósito de cada procedimento falimentar não diverge daquele que também é o objetivo no nosso país: a proteção dos direitos dos credores.

Relativamente às questões fiscais, os autores tendem a focar-se nesse interesse, indiciando a posição fiscal como redutora de possibilidades para os credores poderem satisfazer os seus créditos.

PARTE III
CONCLUSÕES FINAIS

No sistema fiscal português, apesar de a AT defender que a sujeição às normas de incidência fiscal, mesmo em fase de liquidação dos ativos insolventes nada terá de extraordinário à luz dos princípios subjacentes à tributação da liquidação de sociedades, consideramos que é necessário distinguir diferentes situações.

A liquidação, na sua aceção geral, é um processo que visa a venda do património da empresa e subsequente partilha do resultado pelos sócios. Mas quando se trata de uma sociedade insolvente, parece-nos que este processo de liquidação não deveria ser considerado para efeitos de determinação do lucro tributável, já que a partilha da venda não é para os sócios, mas para os credores da sociedade devedora, pois por isso se encontra insolvente. Mais, a liquidação de uma sociedade, com deliberação pelos sócios, tem em vista a extinção da sociedade, situação que é inversa no processo de insolvência, pois não é esse o seu objetivo, liquidar a sociedade, mas apenas efetuar pagamentos aos credores à custa do património societário.

Por isso, a liquidação do ativo em processo de insolvência, constante do Código da Insolvência e da Recuperação de Empresas, com a subsequente verificação do passivo, pagamento aos credores e contas do AI, nada tem a ver com a liquidação da sociedade, quando citada no Código das Sociedades Comerciais, nem no Regime Jurídico de Dissolução e Liquidação de entidades comerciais, regido pelo Decreto-Lei 76-A/2006, de 29 de março.

Assim, é nossa convicção que no caso das sociedades insolventes, não existe o exercício de uma atividade económica, um lucro a tributar, nem um sujeito passivo de IRC, quando estamos perante a massa insolvente.

Também ao longo de todo o CIRE os artigos referem-se apenas à massa insolvente. Não mais se fala da sociedade, considerada sujeito passivo de IRC, mas de massa insolvente. Parece-nos, por isso, necessário que a AT não considere a massa insolvente sujeito passivo de IRC, pois o conceito de empresa e o conceito de massa insolvente são realidades completamente distintas, já que a massa insolvente não exerce uma atividade económica.

Também se observarmos o próprio CIRE, no que se refere à liquidação da massa insolvente, em primeiro lugar, o administrador deduz da massa insolvente os bens ou direitos necessários à satisfação das dívidas desta, incluindo as que previsivelmente se constituirão até ao encerramento do processo e só depois procede ao pagamento dos créditos sobre a insolvência.

Ao invés, se os rendimentos, na maioria dos casos, não são suficientes para honrar os compromissos prioritários da massa insolvente, perguntamo-nos como pode ainda a AT considerar a sujeição a IRC dos ativos insolventes, esquecendo os deveres de solidariedade económica e social que se exigem da generalidade dos credores, não dando o exemplo de "participação no sacrifício comum".

Também, e pelo que toca ao IVA, as questões e dúvidas surgem. Quando analisamos uma sociedade insolvente, interrogamo-nos se estaremos na presença de uma transmissão de bens ou de uma prestação de serviços, realizada a título oneroso por um sujeito passivo, no âmbito de uma atividade económica.

Entendemos que mesmo que o imposto venha a ser suportado pelos compradores, se não será mais um obstáculo à conclusão do processo de insolvência e se não seria mais apelativo para os potenciais compradores; a isenção de IVA no processo de liquidação dos ativos insolventes.

Analisando o artº 268º do CIRE, com a referência aos benefícios relativos a impostos sobre o rendimento das pessoas singulares e coletivas, concordamos que a posição tomada pela AT faça sentido quando refere que só se pode afastar do âmbito da tributação por isenção aquilo que, *a priori*, está sujeito.

Mas se, por um lado, o efeito parecendo ser o mesmo – satisfazer créditos, o benefício deveria englobar as vendas efetuadas pelo administrador da insolvência, para que indiscutivelmente estas não fossem tributadas, principalmente pelo respeito do princípio da igualdade na tributação. Perguntamo-nos, então, até que ponto a tributação das sociedades insolventes ultrapassa as questões da justiça fiscal.

Por outro lado, não podemos esquecer a interpretação que podemos dar à análise do próprio artº 268º do CIRE, que efetivamente só considera a isenção daquelas operações, pois por serem as únicas em que efetivamente se deva considerar as sociedades insolventes sujeitos passivos de IRC, por continuarem a sua atividade – situação aplicável apenas nessas circunstâncias, no processo de insolvência.

Atendendo também ao conceito de atividade produtiva e enriquecimento líquido, que é a base da tributação em sede de IRC, e no caso da insolvência, questionamo-nos como pode a AT definir que a liquidação da massa insolvente visa o lucro.

Acresce ainda que, se nos focarmos na questão fundamental da capacidade contributiva, e se o problema da falência é o facto de que se tem de atribuir uma determinada quantidade de um bem divisível quando não há o suficiente para satisfazer as exigências de todos os credores, questionamo-nos como pode determinar a AT que uma sociedade insolvente que no âmbito de um processo de insolvência liquida os seus bens para satisfação dos credores, tem capacidade económica, logo o produto dessa liquidação deve ser tributado.

Também se analisarmos o artigo 269º do CIRE, "benefício relativo ao imposto do selo", constatamos que a AT defende que a isenção ali prevista não se aplica quando os bens imóveis vendidos não integrarem o ativo da empresa vendedora, mas o ativo do locatário financeiro imobiliário e que a isenção subsiste em benefício da recuperação da empresa e não aos objetivos do interesse dos credores da sociedade insolvente, referindo-se apenas à venda, permuta ou cessão de elementos do ativo da empresa, não contemplando a transmissão da globalidade do estabelecimento. Não se compreende o objetivo do legislador até porque o mesmo não se aplica em sede de IMT.

Pois se atendermos ao artigo 270º do CIRE, "benefício relativo ao imposto sobre as transmissões onerosas de imóveis", verificamos que a isenção de IMT ali prevista abrange não apenas as vendas da empresa ou estabelecimentos desta, enquanto universalidades de bens, mas também as vendas de elementos do seu ativo, desde que integradas no âmbito de plano de insolvência, de pagamentos, ou de recuperação, ou praticados no âmbito da liquidação da massa insolvente.

Até à publicação da Circular nº 10/2015 existiram muitas dúvidas relativamente à aplicação do novo artº 65 do CIRE, nomeadamente se para as sociedades insolventes, que não mantivessem a sua atividade, cessaria a obrigação de envio de declarações fiscais. Ao não enviarem declarações, fazia pressupor que então nada mais teriam que declarar, contudo, a aplicação da lei parecia contraditória, porque o próprio CIRC define que a atividade considera-se cessada apenas na data de encerramento da liquidação. Mas a liquidação da massa insolvente nem sempre é tão célere como se pretende que seja. Não obstante as contradições que pudessem surgir, na prática, era prudente para os AI cumprir o que determinava a AT, ainda que o fosse sob a forma de doutrina. Com o esclarecimento da referida Circular, a AT vem clarificar que não sendo deliberado o encerramento de estabelecimento compreendido na massa insolvente e a verificar-se a existência de qualquer facto tributário sujeito a impostos, a sociedade insolvente não fica dispensada da entrega de declarações fiscais. Mais afasta o pressuposto de a sociedade insolvente deixa de ser sujeito passivo, mesmo nos casos em que é deliberado o encerramento do estabelecimento.

Se analisarmos o próprio estudo da DGPJ não percebemos a posição da AT, já que o mesmo apurou que não é o estigma da insolvência que impede a recuperação, mas sim a falta de condições económico-financeiras da generalidade das empresas que chegam a uma situação de insolvência atual ou iminente e que, em certa medida, a apresentação de um plano de insolvência visando a recuperação do devedor insolvente é, na prática, mais uma forma de adiar o pagamento do passivo, já que tem como consequência o atraso na satisfação dos direitos dos credores. Na maioria dos casos, as empresas declaradas insolventes estão de facto nessa situação há já bastante tempo, e a manutenção de um plano de insolvência, ainda que levado a cabo da melhor maneira, acaba por na prática ser apenas uma forma de protelar a liquidação da sociedade, e que há muito já devia estar extinta. Perguntamo-nos então do porquê de manter a sociedade ativa.

Assim, parece-nos que a posição da AT acabará por se contrapor aos princípios que criaram o próprio CIRE, que é a satisfação dos credores. Até porque ao se protelar esta situação, existindo bens que possam ser apreendidos pelo AI, quanto mais lentamente o fizer, mais se agrava a situação. O risco desses bens "desaparecerem", como acontece na maioria dos casos, é maior, e assim a possibilidade do AI conseguir arrecadar valores a favor da massa insolvente passa a ser subjetivamente menor também. Parece-nos que a AT dá primazia à manutenção das sociedades declaradas insolventes, preferindo o seu saneamento, e não promove tanto a sua liquidação, com vista à extinção.

A contradição que parece existir entre a legislação falimentar e a fiscal, em Portugal, vai além-fronteiras, como pudemos verificar pela análise da insolvência nos vários países em estudo, nomeadamente, no Brasil, em Espanha, na Itália e nos Estados Unidos. Relativamente às questões fiscais, mesmo os autores internacionais tendem a focar-se no interesse de proteção dos credores no processo de insolvência, indiciando a posição fiscal como redutora de possibilidades para os credores poderem satisfazer os seus créditos.

Com este trabalho e com a análise do regime de tributação das sociedades insolventes, esperamos ter contribuído para uma discussão mais clarificadora de um tema pouco claro e que envolve diferentes intervenientes (AI, AT, MJ) com diferentes perspetivas e olhares.

BIBLIOGRAFIA

AVELÃS NUNES, Gonçalo N. C. A. (2001), *Tributação dos grupos de sociedades pelo lucro consolidado em sede de IRC: contributo para um novo enquadramento dogmático e legal do seu regime*, Coimbra, Almedina

BAIRRADA, C. e MARTINS, A. (2008), "Uma nota sobre a justiça fiscal em Portugal", *Economia Global e Gestão*, ISCTE, vol. 13, nº 3, Lisboa, in *http://www.scielo.oces.mctes.pt/pdf/egg/v13n3/v13n3a03.pdf*

Brasil, LEI No 11.101, DE 9 DE FEVEREIRO DE 2005, Presidência da República, Brasil, in *http://www.planalto.gov.br/ccivil_03/_ato2004-2006/2005/lei/l11101.htm.*

CABRITA, Pedro (2004), *Dissolução de Sociedades*, Lisboa, *Verlag Dashöfer.*

CASALTA NABAIS, J. (2012), *O Dever Fundamental De Pagar Impostos – Contributo Para a Compreensão Constitucional Do Estado Fiscal Contemporâneo*, Edições Almedina, S.A.

COUTINHO DE ABREU, J.M. (1996; 2014), *Da Empresarialidade*, Coimbra, Almedina

DIAS, Sara L.S. V. (2012), *O Crédito Tributário e as Obrigações Fiscais no Processo de Insolvência*, Escola de Direito, Universidade do Minho, in *repositorium.sdum.uminho.pt › ... › BUM – Dissertações de Mestrado*

DINIS, Ana, LOPES, Cidália, MARCELINO, Pedro, (2014). "As sociedades insolventes e a tributação em IRC". *Revista de Finanças Públicas e Direito Fiscal*, Ano 7, Número 2, Verão.

DINIS, Ana, LOPES, Cidália, SILVA, Alexandre, MARCELINO, Pedro (2016). "A tributação das sociedades insolventes: evidência empírica em Portugal". *Revista Contabilidade & Finanças – Accounting & Finance Review*, v.27, n. 70, p. 43-54, jan./fev./mar./abr. 2016, São Paulo, Brasil

DINIS, Ana, LOPES, Cidália, SILVA, Alexandre (2015). "Tax evasion and tax fraud in the bankruptcy process: empirical evidence from Portugal". *Working Paper*, Edições Húmus & OBEGEF, Porto.

ENGRÁCIA ANTUNES, J. (2002;2014), *Problemas do Direito das Sociedades*, Coimbra, Almedina

EULER HERMES
----------- (2016), "Global insolvency index", *Outlook* 2016, Euler Hermes Economic Research Department, *Business Insolvency, in http://www.eulerhermes.us/economic-research/economic-publications/Documents/Economic-Insight-Insolvencies-Keep-an--Eye-on-Domino-Effect-Apr16.pdf*
----------- (2013), "Corporate insolvencies: the true nature of the eurozone crisis", FRANCE, *Economic Outlook*, nº 1194, Euler Hermes Economic Research Department, Business Insolvency Worldwide

ESCOLÀ, M. E. (2004), "New Bankruptcy Act in Spain", Espanha, *BROSA Abocados Y Economistas, in http://www.imakenews.com/iln/new_bankruptcy_act_spain.pdf.*

Espanha, Ley Concursal 22/2003, de 9 de julio, Cortes Generales, Espanha, in *http://noticias.juridicas.com/base_datos/Privado/l22-2003.html.*

ESTEVES, M. J., AMORIM, S.A., VALÉRIO, P. (2012), *Código da Insolvência e de Recuperação de Empresas Anotado*, Porto, VidaEconómica Grupo Editorial.

FERNANDES, Carolina M., MARIO, Poueri do Carmo (2010), "Ensaio sobre a essência contabil versus a forma juridica: (D)efeitos na tributação de uma massa falida", Brasil, Universidade Federal de Minas Gerais, in: *http://www.congressousp.fipecafi.org/artigos102010/453.pdf.*

FERNANDES, Luís A. Carvalho e LABAREDA, João (2015), *Código da Insolvência e de Recuperação de Empresas Anotado*, 3ª edição, Lisboa, Quid Juris.

FERREIRA, Rogério Fernandes (2016), *"IUC será pago pelo titular do registo automóvel e não pelo proprietário"*, Porto, Diário de Notícias, in *http://www.dn.pt/dinheiro/interior/iuc-sera-pago-pelo--titular-do-registo-automovel-e-nao-pelo--proprietario-5066228.html*

Itália, LEGGE 7 agosto 2012, n. 134, Ministero del Lavoro e delle Politiche Sociali, Itália, in *http://www.lavoro.gov.it/NR/rdonlyres/8542D822-BE88-46F6-9463-B482742F896C/0/20120807_L_134.pdf.*

KRAUSE S., Kapiloff A Y. (1966), "Symposium, Creditors' Rights, The Bankrupt Estate, Taxable Income and the Trustee in Bankruptcy", Nova Iorque, in *http://ir.lawnet.fordham.edu/cgi/.*

LANÇA, Filomena (2012), "MF e MJ não se entendem sobre empresas em insolvência", Porto, *Jornal de Negócios, in http://www.inverbis.pt.*

LOPES, Cidália Maria da Mota (2008), *Quanto custa pagar impostos em Portugal?*, Coimbra, Almedina.

MALHEIRO, Maria Manuela Alves (2007), "Tributação especial dos grupos de sociedades", Braga, *SROC – Temas de Contabilidade, Fiscalidade, Auditoria e Direito das Sociedades,* Joaquim Guimarães, Manuela Malheiro e Mário Guimarães SROC, in *http://www.jmmsroc.pt/index.php?option=com_content&task=view&id=464&Itemid=60*

MARQUES, L.A. (2005), "O tributo e o seu tratamento no novo regime jurídico de insolvência empresarial", Brasil, in *www.miggo.com.br/imgarq/176/248700_533.doc*

MARQUES, Paulo (2011), *Elogio do Imposto*, Coimbra, Coimbra Editora, 1ª edição

MARTINS, Alexandre Soveral (2012), "Alterações recentes ao Código da Insolvência e da Recuperação de Empresas", *in https://estudogeral.sib.uc.pt/bitstream/10316/20699/1/alteracoes_CIRE.pdf*

MARTINS, Luís M. (2013), *Processo de Insolvência*, Coimbra, Almedina, 3ª edição

MEDINA, J. R. S. (2012), "Implicaciones fiscales de la reforma concursal", Espanha, in *http://www.diariojuridico.com/opinion/implicaciones-fiscales-de-la--reforma-concursal.html*

MENDES, Ana Rita (2011), "É possível isentar de IVA uma dação em cumprimento da sociedade aos seus sócios para liquidação da dívida relativa a suprimentos?", in *http://www.carloscanaes.pt/2011/04/17/e-possivel-isentar-de-iva--uma-dacao-em-cumprimento-da-sociedade-aos-seus-socios-para-liquidacao-da--divida-relativa-a-suprimentos/*

MENEZES LEITÃO, L.M.T. (2012), 4ª edição, *Direito da Insolvência*, Coimbra, Almedina

MINISTÉRIO DA JUSTIÇA

---------- (2017), MINISTÉRIO DA JUSTIÇA, Supremo Tribunal Administrativo, Acórdão Processo 0724/16, 01/02/2017, http://www.dgsi.pt/jsta.nsf/35fbbbf22e1bb1e680256f8e003ea931/7febf56a9104f8ae802580bf005af499?OpenDocument&ExpandSection=1

---------- (2016), "Estatísticas trimestrais sobre processos de falência, insolvência e recuperação de empresas" (2007-2015), *Boletim de Informação Estatística Trimestral 27*, Direção Geral da Política de Justiça, in *http://www.djpj.mj.pt/sections/siej_pt/*.

---------- (2016), MINISTÉRIO DA JUSTIÇA (2016), Supremo Tribunal Administrativo, Acórdão Processo 01350/15, 20/01/2016, *http://www.dgsi.pt/jsta.nsf/35fbbbf22e1bb1e680256f8e003ea931/fb2a61c2ad3301c480257f4500504396?OpenDocument&ExpandSection=*

---------- (2014), Supremo Tribunal Administrativo, Acórdão Processo 01024/12, 06/03/2014, in *http://www.dgsi.pt/jsta.nsf/35fbbbf22e1bb1e680256f8e003ea931/a70e506b45757cd780257ca6004d8f26?OpenDocument&ExpandSection=1*

---------- (2013), Tribunal da Relação de Lisboa, Acórdão Processo 3061l/12.5T2SNT-D.L1-6, 28/11/2013, in *http://www.dgsi.pt/jtrl.nsf/33182fc732316039802565fa00497eec/e2c-66b8eb9939505802 57c54002f72aa?OpenDocument*

---------- (2013), Tribunal da Relação do Porto, Acórdão Processo 3765/12.3TB-VNG-D.P1, 27/10/2013, in *http://www.dgsi.pt/jtrp.nsf/d1d5ce625d24df53802 57583004ee7d7/831e380f8acea10c802 57c24003cf 082?OpenDocument*

---------- (2013), Supremo Tribunal Administrativo, Acórdão Processo 0765/13, 03/07/2013, *http://www.dgsi.pt/jsta.nsf/35fbbbf22e1bb1e680256f8e003ea931/9c68c763d8eb1a1580257ba3004cca44?OpenDocument&ExpandSection=1*

---------- (2013), Tribunal da Relação do Porto, Acórdão Processo 1181/12.6TBPFR-EP1, 27/05/2013, in *http://www.dgsi.pt/jtrp.nsf/d1d5ce625d24df5380257583004ee7d7/2d26227*

17053f73d80257b8a00490b7b?Open Document.

--------- (2011) Supremo Tribunal Administrativo, Acórdão Processo 0949/11, 30/05/2012, in *http://www.dgsi.pt/jsta. nsf/35fbbbf22e1bb1e680256f8e003ea931/82c4c317ca96d1c280257a1a0047ce48?OpenDocument*

---------- (2011), Supremo Tribunal Administrativo, Acórdão Processo 01145/09, 24/02/2011, in *http://www.dgsi.pt/jsta.nsf/35fbbbf22e1bb1e680256f8e003ea931/e855a5ff7425a7378025784800530ac4?OpenDocument*

---------- (2011), Supremo Tribunal Administrativo, Acórdão Processo 0617/10, 09/02/2011, in *http://www.dgsi.pt/jsta. nsf/35fbbbf22e1bb1e680256f8e003ea931/478991baa56b1ff78025783a003f0ebb?OpenDocument*

---------- (2011), Tribunal da Relação de Coimbra, Acórdão, Processo nº 255/10.2AVR-E.C1, 18/01/2011, in *http://www.dgsi.pt/jtrc.nsf*

---------- (2010), "Regime Jurídico da Insolvência e Recuperação de Empresas – Estudo de avaliação sucessiva", Direção Geral da Política de Justiça, in *http://www.dgpj.mj.pt/sections/politica--legislativa/anexos-pendencias/sections/politica-legislativa/anexos-pendencias/anexo-iv-estudo-dezembro/downloadFile/file/AnexoIV_Relatorio_Insolvencias.pdf*

---------- (2010), Decreto-Lei nº 53/2004 de 18 de março de 2004, código da Insolvência e da Recuperação de Empresas, in *http://www.dgpj.mj.pt/DGPJ/sections/leis-da-justica/livro-iii-leis-civis-e/pdf-cpc/dl-53-2004/downloadFile/file/DL_53_2004.pdf?nocache=1181317713.11*

---------- (2010), Tribunal Central Administrativo do Norte, Processo 9/10.6BCPRT, contestação da Direção de Serviços de Consultoria Jurídica e Contencioso, DGI, in *http://www.apaj.pt/ficheiros/oposicao_da_accao_principal.pdf* e *http://www.apaj.pt/ficheiros/oposicaodaadministracaofiscal.pdf*

---------- (2010), Tribunal da Relação de Coimbra, Acórdão, Processo nº 255/10.2AVR-B.C1, 27/07/2010, in *http://www.dgsi.pt/jtrc.nsf*

---------- (2010), Tribunal da Relação de Coimbra, Acórdão, Processo nº 213/10.7AVR-A.C1, 07/09/2010 in *http://www.dgsi.pt/jtrc.nsf*

---------- (2007), Tribunal do Comércio de Vila Nova de Gaia, Despacho, Processo nº 236/03.2TYVNG, 18/04/2007

----------- (2006), Tribunal da Relação do Porto, Acórdão Processo 0635505, 14/12/2006, *http://www.dgsi.pt/jtrp.nsf/d1d5ce625d24df5380257583004ee7d7/36bc9ed778bf1a648025726100514f69?OpenDocument*

---------- (2006), Decreto-Lei 76-A/2006, de 29 de março, alterado pelo Decreto--Lei nº 318/2007, de 26 de Setembro e pelo Decreto-Lei nº 250/2012, de 23 de novembro, Regime Jurídico dos Procedimentos Administrativos de Dissolução e Liquidação de Entidades Comerciais, in *http://www.igf.min-financas.pt/Leggeraldocs/DL_076_A_2006_PARTE_5_REGIME_JUR_PROCED_ADMINIST_DISSOL_LIQUID_ENTIDADES_COMERCIAIS.htm*

---------- (2005), Supremo Tribunal Administrativo, Acórdão Processo 0524/05, 16/11/2005, in *http://www.dgsi.pt/jtrp.nsf*

---------- (2003), Supremo Tribunal Administrativo, Acórdão Processo 01079/03, 29/10/2003, in *http://www.dgsi.pt/jsta. nsf/35fbbbf22e1bb1e680256f8e003ea931 /32e17fdc3a9cbdfc80256dea003ec11b?O penDocument&ExpandSection=1*

-------- (2003) Decreto-Lei nº 287/2003, de 12 de novembro, com alteração pela Lei nº 60-A/2011, de 30 de novembro, retificado pela Lei nº 83-C/2013 de 31 de dezembro, Código do ~~do~~ Imposto Municipal sobre Imóveis, in *http:// info.portaldasfinancas.gov.pt/pt/informa-cao_fiscal/codigos_tributarios/cimi /index_cimi.htm*

---------- (1986), Decreto-Lei 262/86 de 2 de setembro, republicado pelo Decreto-Lei 76-A/2006 de 29 de março de 2006, Código das Sociedades Comerciais in *http://www.igf.min-financas. pt/leggeraldocs/DL_262_86_COD_ SOC_COMERCIAIS_PARTE_1.htm*

---------- (1966), Decreto-Lei 47344 de 25 de novembro de 1966, Código Civil Português, in *http://www.igf.min--financas.pt/leggeraldocs/DL_47344_66_ COD_CIVIL_INDICE.htm*

MINISTÉRIO DAS FINANÇAS E DA ADMINISTRAÇÃO PÚBLICA

---------- (2017), Circular nº 4/2017, de 10 de fevereiro, in http://info. portaldasfinancas.gov.pt/NR/ rdonlyres/101D68AD-0366-4B37- -A491

---------- (2015), Circular 10/2015, de 9 de setembro, in *info.portaldasfinancas. gov.pt/NR/rdonlyres/631ADD97.../Cir-cular_10_2015.pdf*

---------- (2013), Informação Vinculativa, Processo 4209/2012 de 21/01/2013,

in *info.portaldasfinancas.gov.pt/NR/.../ Ficha_dout_2012_4209%20A.pdf*

---------- (2012) Decreto-Lei nº 442-B/88 de 30 de novembro, *Código do Imposto sobre o rendimento das Pessoas Coletivas,* Porto, VidaEconómica Grupo Editorial

--------- (2011), Informação Vinculativa, Processo 2011 000263 – IVE nº 1871, in *http://info.portaldasfinancas. gov.pt/NR/rdonlyres/9DF1FA89-66CC--4F5D-BBDE-178FACC8F59F/0/ ficha%20doutrin%C3%A1ria%20 Proc%C2%BA%202011_000263%20--%20IVE%201871.pdf*

---------- (2010), Circular 1/2010, de 2 de fevereiro, in *http://info.portaldasfinan-cas.gov.pt/NR/rdonlyres/D0921D42-66D1-4152-A5A6-9543848187FA/0/ Circular_1_2010.pdf*

---------- (2010), Informação Vinculativa, Processo 5957/2010, in *http://info.portaldasfinancas.gov. pt/NR/rdonlyres/B88EB745-5794--49A6-8C8C-00AFC4C8030F/0/ ProcN%C2%BA5957_2010IRS.pdf*

---------- (2009), Informação Vinculativa, Processo 2009003402 – IVE nº 125, de 22/12/2009, in *info.portaldasfinan-cas.gov.pt/.../IUC_Art003-1_Art004-3_IVE125.pdf*

---------- (2009), Informação Vinculativa, Processo 20090001914 de 24/03/2009, *in http://info.portaldasfinancas.gov.pt/NR/ rdonlyres/9457FA20-443D-46EF--BB6E-14EFE80D2DB5/0/IVE%20 431%20-%201914_2009%20-%20 CIRE.pdf*

---------- (2009), Secretaria de Estado dos Assuntos Fiscais, "Relatório do Grupo para o Estudo da Política Fiscal: Competitividade, Eficiência e Justiça do Sistema Fiscal", in *http://info.portaldasfinancas.gov.pt/NR/rdonlyres/8AFAA047--5AB4-4295-AA08-E09731F29B0A/0/GPFRelatorioGlobal_VFinal.pdf*

----------(2008), Parecer da Direcção de Serviços Jurídicos e do Contencioso, Direcção Geral dos Impostos, DSIMT, *www.notarios.pt/NR/rdonlyres/61B4D407-*

---------- (1999), Ofício-Circulado nº 30 003-SIVA, de 15 de abril, "CIVA – Falências – – Liquidatários Judiciais – Direitos do Suj. Pas./Falência – Obrigações dos Suj. Pas./Falência – Direitos e Obrigações dos Sujeitos Passivos após a declaração de falência"

---------- (1995), Ofício-Circulado nº 63 918-SIVA, de 5 de junho, "CIVA – Falências – Processo Especial de Rec. de Empresa – Liquidatários Judiciais", in *http://info.portaldasfinancas.gov.pt/NR/rdonlyres/23C7E4BD-DBAB-4F68-99B6-259468B08433/0/oficio-circulado_63918_de_05-06-1995_dsiva.pdf*

MORENO-TERNERO, J.D., VILLAR, A. (2002), "Bankruptcy Rules and Progressive Taxation", Instituto Valenciano de Investigaciones Económicas, S.A., Espanha, in *http://www.google.pt/url?sa=t&rct=j&q=&esrc=s&source=web&cd=4&ved=0CEUQFjAD&url=http%3A%2F%2Fwww.researchgate.net%2Fpublication%2F5134429_BANKRUPTCY_RULES_AND_PROGRESSIVE_TAXATION%2Ffile%2F79e4150766ca07a89e.pdf&ei=gegUUffqFIOJhQfX4IHICw&usg=AFQjCNF6NPCXClr4ooVta141STViiZGIHA&bvm=bv.42080656,d.d2k*

NEWTON, G.w. (2000), *Bankruptcy and Insolvency Accounting Practice and Procedure* – 6th ed. vol. 1, New Jersey, John Wiley & Sons, Inc.

OLIVEIRA, Ana Perestrelo (2013), "Insolvência nas sociedades em relação de grupo: de novo pela consolidação substantiva das massas patrimoniais", *I Congresso de Direito da Insolvência*, Coimbra, Almedina, in *http://books.google.pt/books?id=vW2cCg1TQ2YC&printsec=frontcover&hl=pt-PT&source=gbs_ge_summary_r&cad=0#v=onepage&q&f=false*

OLIVEIRA, J.M.G. (2013), "O Regime Especial de Tributação dos Grupos de Sociedades", Centro de Investigação Jurídico Económica, Faculdade de Direito, Universidade do Porto, Curso de Especialização em Direito Fiscal, VI Edição, in *http://www.cije.up.pt/publications/o-regime-especial-de--tributa%C3%A7%C3%A3o-dos-grupos--de-sociedades*

Página da Comissão Europeia (2011) – Rede Judiciária Europeia – Falência, in *http://ec.europa.eu/civiljustice/bankruptcy/*

Página do Conselho Superior da Magistratura (2013), in *http://www.csm.org.pt/juizes*

Página da Direção Geral da Política de Justiça in http://www.dgpj.mj.pt/

Página do Portal da Empresa (2013), in *http://www.portaldaempresa.pt*

Página do Portal da Insolvência (2012), in *http://www.insolvencia.pt/*

Página do Portal das Finanças (2013), in *http://info.portaldasfinancas.gov.pt/pt/informacao_fiscal/*

PERES, Inácio (2010), "A responsabilidade dos Liquidatários Judiciais e Administradores da Insolvência", XIII Encontro Nacional, APAJ, in *www.apaj.pt/ficheiros/XIII_Encontro_APAJ_Inacio.pdf*

Portugal, Constituição da República Portuguesa de 2 de abril de 1976, VII Revisão Constitucional, Assembleia da República, 2005, in *http://www.parlamento.pt/Legislacao/Documents/constpt2005.pdf*

RATHENAU, Alexander (2006), "O cumprimento e incumprimento das obrigações no direito português", in *http://www.rathenau.com/incumprimentocom.pdf*

RODRIGUES, Ana Maria (2006), *O Goodwill nas Contas Consolidadas*, Coimbra, Coimbra Editora

SALDANHA SANCHES, J.L. (2007), *Manual de Direito Fiscal*, 3ª edição, Coimbra, Coimbra Editora

SALDANHA SANCHES, J. L. (2001), "IVA: Controlo Fiscal e Direito de Reembolso", *Fiscalidade*, nº 5, Revista de Direito e Gestão Fiscal, Edição do Instituto Superior de Gestão, in *http://www.saldanhasanches.pt/fevereiro2009/2001,_Fiscalidade,_5,_83-99.pdf*

SALDANHA SANCHES, J. L. (2010), *Justiça Fiscal*, Fundação Francisco Manuel dos Santos

SANTOS, Albano (2003; 2013), *Teoria Fiscal*, Universidade Técnica de Lisboa, ISCSP

SERRA, Catarina (2004), *O Novo Regime Português da Insolvência – Uma Introdução*, Coimbra, Almedina

SILVA, Sandrina (2007), "Ajustamentos de consolidação decorrentes de transacções comerciais entre empresas industriais pertencentes ao mesmo Grupo económico", *Revisores e Auditores*, Out/Dez 2007, Ordem dos Revisores Oficiais de Contas, in *http://www.oroc.pt/fotos/editor2/Revista/OutDez2007/contabilidade.pdf*

SILVA, Suzana Tavares e SANTOS, Marta Costa (2013), "Os créditos fiscais nos processos de insolvência: reflexões críticas e revisão da jurisprudência", in *https://estudogeral.sib.uc.pt/bitstream/10316/24784/1/STS_MCS%20insolvencia.pdf*

SOUSA, Abílio (2013), *Estatuto dos Benefícios Fiscais Comentado*, Porto, Vida Económica

SPADOTTO, Rafael D. C. (2005), "A venda de bens da massa falida e sua respetiva tributação sob a ótica da nova lei de falências", Brasil, in *http://www.ibrademp.org.br/arquivos/nova_lei_de_falencias2.pdf*

TIAGO, Filomena (2012), "A empresa insolvente mantém a personalidade tributária", Vida Económica, in *http://www.vidaeconomica.pt/gen.pl?p=stories&op=view&fokey=ve.stories/79852*, Porto

TOSI, Loris (2005), *Problematiche fiscali del fallimento e prospettive di riforma*, Itália, CEDAM , AEST (Associazione Europea Studi Tributari, collana direta da Francesco Moschetti e Loris Tosi)

USA Bankruptcy Code (2009), USA, Office of the Law Revision Counsel, in *http://uscode.house.gov/pdf/2009/2009usc11.pdf*

XAVIER DE BASTO, J.G. (2004), "Tópicos para uma Reforma Fiscal Impossível", Notas Económicas, nº 19, in *https://digitalis-dsp.uc.pt/bitstream/10316.2/24935/1/NotasEconomicas19_artigo1.pdf*

ZIEGEL, J. S. (1995), "Preferences and priorities in Insolvency Laws: Is There a Solution?", UK, *39 St Louis University Law Journal 793, in http://heinonline.org/HOL/LandingPage?collection=journals&handle=hein.journals/stlulj39&div=37&id=&page=*

APÊNDICE 1
A TRIBUTAÇÃO DAS SOCIEDADES INSOLVENTES: IMPACTO DA JURISPRUDÊNCIA

Ano	Autor(es)	País	Processo	Principais conclusões
2016	**Supremo Tribunal Administrativo**	Portugal	Acórdão Processo 01350/15, 20/01/2016	A isenção de IMT prevista pelo nº 2 do artº 270º do CIRE aplica-se, não apenas às vendas ou permutas de empresas ou estabelecimentos enquanto universalidade de bens, mas também às vendas e permutas de imóveis (enquanto elementos do seu ativo), desde que enquadradas no âmbito de um plano de insolvência ou de pagamento, ou praticados no âmbito da liquidação da massa insolvente.
2014	**Supremo Tribunal Administrativo**	Portugal	Acórdão Processo 01024/12, 06/03/2014	(...) É legal e justo que seja exigível à massa insolvente o pagamento do IMI (...) as razões de capacidade contributiva que (...) substanciam, também, a razão de ser da substituição da obrigação de pagamento do IMI, no caso concreto, pois que alguém que está desapossado do prédio e insolvente, obviamente, não tem a necessária capacidade contributiva essencial para o preenchimento do conceito de sujeito passivo de imposto na sua plenitude (...).

2013	**Supremo Tribunal Administrativo**	Portugal	Acórdão Processo 0765/13, 03/07/2013	A redação do nº 2 do artigo 270º do CIRE não é clara, e a mesma deve ser interpretada, no sentido de que a isenção de IMT ali consignada abrange não apenas as vendas da empresa ou estabelecimentos desta, enquanto universalidades de bens, mas também as vendas de elementos do seu ativo, desde que integradas no âmbito de plano de insolvência ou de pagamentos (ou de recuperação) ou praticados no âmbito da liquidação da massa insolvente
2011	**Supremo Tribunal Administrativo**	Portugal	Acórdão, Processo 0617/10, 09/02/2011	Embora a sociedade dissolvida, em liquidação, mantenha a sua personalidade jurídica, são, com a declaração de falência, apreendidos todos os seus bens, passando a constituir um novo património, a chamada "massa falida", um acervo de bens e direitos retirados da disponibilidade da sociedade e que serve exclusivamente, depois de liquidado, para pagar, em primeiro lugar, as custas processuais e as despesas de administração e, depois, os créditos reconhecidos
2011	**Supremo Tribunal Administrativo**	Portugal	Acórdão, Processo 01145/09, 24/02/2011	A sociedade dissolvida na sequência de processo falimentar continua a existir enquanto sujeito passivo de IRC até à data do encerramento da liquidação, ficando sujeita, com as necessárias adaptações e em tudo o que não for incompatível com o regime processual da massa falida, às disposições previstas no CIRC para a tributação do lucro tributável das sociedades em liquidação, mantendo-se vinculada a obrigações fiscais declarativas.
2005	**Supremo Tribunal Administrativo**	Portugal	Acórdão, Processo 0524/05, 16/11/2005	A dissolução, por declaração de falência de sociedade arguida em processo contraordenacional, acarreta a extinção do respetivo procedimento, por dever considerar-se, para o efeito, equivalente à morte de pessoa física

APÊNDICE 1

2003	**Supremo Tribunal Administrativo**	Portugal	Acórdão, Processo 01079/03, 29/10/2003	A venda de bens que integrem o ativo imobilizado de uma sociedade entretanto declarada falida, efetuada nos autos de liquidação do respetivo ativo, não integra o conceito de mais-valias e menos-valias previsto no CIRC. Só através de uma ficção jurídica se poderia considerar lucro tributável o produto da alienação de património afetado ao pagamento de dívidas que já não consegue cobrir.
2007	**Tribunal do Comércio de Vila Nova de Gaia**	Portugal	Despacho, Processo nº 236/ 03.2TYVNG, 18/04/2007	As normas da liquidação da sociedade não se devem confundir com as da liquidação dos ativos insolventes, porque enquanto aquelas se destinam a regular a partilha do património societário da sociedade dissolvida, sendo a liquidação feita no interesse dos sócios, estas regulam a venda dos bens arrolados para a massa insolvente como se se tratasse de um processo executivo, feita no interesse dos credores
2006	**Tribunal da Relação do Porto**	Portugal	Acórdão, Processo nº 0635505, 14/12/2006	A dação em cumprimento de bens móveis não deixa de operar a transmissão do direito de propriedade dos bens do devedor para o credor, pelo que a mesma transmissão deve ser declarada para efeitos de IRC

APÊNDICE 2
ANÁLISE COMPARATIVA DAS PRINCIPAIS ABORDAGENS SOBRE A TRIBUTAÇÃO DAS SOCIEDADES INSOLVENTES

Ano	Autor(es)	País	Estudo/Artigo	Principais conclusões
2010	**APAJ (Associação Portuguesa dos Administradores Judiciais)**	Portugal	Processo 9/10.6BCPRT – Tribunal Central Administrativo Norte	Não há atividade quando se delibera a liquidação do património do devedor insolvente e a repartição do produto obtido pelos credores, já que não se visa o lucro, mas apenas o pagamento aos credores, não se realizando por isso operações económicas de carácter empresarial.
2005	**BUSA, V.**	Itália	Problematiche fiscali del fallimento e prospettive di riforma	A atividade empresarial após a insolvência não deve estar sujeita a imposto.
2015	**FERNANDES, Luís A. Carvalho e LABAREDA, João**	Portugal	Código da Insolvência e de Recuperação de Empresas Anotado	No que se refere à aplicação do artº 268º do CIRE, e no âmbito da dação em cumprimento e da cessão de bens, se o devedor receber ainda alguma coisa do credor, essa fatia é passível de imposto, desde que corresponda a uma mais-valia efetiva, pois o que está isento é pois, a mais-valia a que apenas corresponde diminuição do passivo, mas não também a que gera aumento do ativo, e que por isso justifica por si a sujeição a IRC.

A FISCALIDADE DAS SOCIEDADES INSOLVENTES

2010	**FERNANDES, Carolina M.; MARIO, Poueri do Carmo**	Brasil	Ensaio sobre a essência contábil versus a forma jurídica: (D)efeitos na tributação de uma massa falida	Com a falência o falido é desapossado do seu património e surge a massa falida, como uma "entidade contábil para fins e análises e controles", mas que não possui personalidade jurídica no direito positivo brasileiro e que muito menos se equipara a "pessoa para fins tributários".
2012	**LANÇA, Filomena**	Portugal	MF e MJ não se entendem sobre empresas em insolvência	A nova regra do artº 65º do CIRE significa que uma empresa insolvente que encerre o seu estabelecimento fica dispensada das suas obrigações declarativas e fiscais e deixa por isso de estar sujeita a IRC na liquidação dos seus ativos. Existe um problema de falta de harmonização entre os vários Códigos
2012	**LEITÃO, Luís Manuel Teles de Menezes**	Portugal	Direito da Insolvência	A declaração de insolvência acarreta a dissolução da pessoa coletiva, passando a sua personalidade coletiva a restringir-se à prática dos atos necessários para a liquidação do seu património.
1966	**KRAUSE S., KAPILOFF A. Y.**	EUA	Symposium, Creditors' Rights, The Bankrupt Estate, Taxable Income and the Trustee in Bankruptcy	Quando a massa falida é criada existe uma imposição de imposto diretamente contra a propriedade e contra os credores, indiretamente pela redução do seu dividendo na falência, pelo que o efeito da falência é transferir a carga fiscal do devedor para os credores.
2012	**MEDINA, J. R. S.**	Espanha	Implicaciones fiscales de la reforma concursal	Ao se favorecer a posição de crédito dos credores públicos em caso de falência, deixará de salvaguardar a posição dos credores, que é o principal interesse do processo de insolvência, mas ceder ao interesse público, que sairá favorecido em detrimento dos operadores económicos.

APÊNDICE 2

2013			Informação Vinculativa, Processo 4209/2012, 21/01/2013	Não podem fazer parte do grupo de sociedades tributado pelo RETGS, as sociedades que, no início ou durante a aplicação do regime, tenham sido objeto de instauração de processos no âmbito do CIRE em que haja sido proferida sentença de declaração de insolvência ou, no caso do PER, despacho de nomeação de administrador judicial provisório.
2011			Informação Vinculativa, Processo 2011 000263 – IVE nº 1871	As coletas de IMI que venham a ser devidas e que se vençam em data posterior à declaração de insolvência são da responsabilidade do insolvente, uma vez que este se mantém na titularidade dos prédios integrados na massa insolvente, embora privado dos correspondentes poderes de administração e de disposição.
2010	**Ministério das Finanças e da Administração Pública, Secretaria de Estado dos Assuntos Fiscais**	Portugal	Processo 9/10.6BCPRT – Tribunal Central Administrativo Norte	A sujeição às normas de incidência fiscal, mesmo em fase de liquidação dos ativos insolventes nada tem de extraordinário à luz dos princípios subjacentes à tributação em sede de IRC.
2009			Relatório do Grupo para o Estudo da Política Fiscal: Competitividade, Eficiência e Justiça do Sistema Fiscal	É necessária a harmonização dos pressupostos da cessação da atividade, tendo em vista a redução sempre que possível das obrigações declarativas do insolvente.
2008			Parecer da Direcção de Serviços Jurídicos e do Contencioso, Direção Geral dos Impostos, DSIMT	No que se refere a IS, enquanto os benefícios do artº 120º do CPEREF abrangiam apenas providências de recuperação de empresas, as isenções do artº 269 do CIRE incluem, além dos atos previstos em plano de insolvência, os atos previstos em planos de pagamentos ou praticados no âmbito da liquidação da massa insolvente
2002	**MORENO-TERNERO, J.D**	Espanha	Bankruptcy Rules and Progressive Taxation	O problema da falência é o facto de que se tem de atribuir uma determinada quantidade de um bem divisível quando não há o suficiente para satisfazer as exigências de todos os credores.

2000	NEWTON, G.W.	EUA	Bankruptcy and Insolvency Accounting Practice and Procedure	O efeito do imposto de determinadas operações, que pode impor maiores dificuldades às entidades que se encontram em insolvência, já de per si numa posição financeira débil.
2010	PERES, Inácio	Portugal	A responsabilidade dos Liquidatários Judiciais e Administradores da Insolvência	Pretender continuar a tributar o devedor insolvente em sede de IVA contraria e dificulta esta representação limitada e condicionada do AI aos fins do processo de insolvência
2013	SILVA, Suzana Tavares e SANTOS, Marta Costa	Portugal	Os créditos fiscais nos processos de insolvência: reflexões críticas e revisão da jurisprudência	A interpretação da lei tem suscitado muita contestação por parte dos AI, os quais, baseando-se no CIRE, consideram que a partir do momento em que a assembleia de credores decide a liquidação da empresa, o produto da liquidação se destina a ressarcir os credores e não a satisfazer dívidas liquidadas após a declaração da insolvência, embora posteriores à mesma, por isso também não estará sujeito a IVA.
2012	TIAGO, FILOMENA	Portugal	A empresa insolvente mantém a personalidade tributária	Nas sociedades declaradas insolventes, não é o facto de se tratar de uma execução universal de bens e de se estar perante uma situação económica deficitária que impede que se possam verificar ganhos fortuitos e inesperados, vendas de bens por valores que podem não só solver todas as dívidas como gerar sobras, incrementos patrimoniais. Como tal, nenhuma razão subsiste para se furtarem à tributação em sede de IRC.O lucro tributável da sociedade insolvente é, contudo, determinado com referência a todo o período de liquidação do património societário.
2005	TOSI, L.	Itália	Problematiche fiscali del fallimento e prospettive di riforma	Muitos dos problemas que surgem para a correta identificação do tratamento aplicável a processos fiscais acontecem por sobreposição entre as leis fiscais e a lei de falências.

| 1995 | ZIEGEL, J. S. | UK | Preferences and priorities in Insolvency Laws: Is There a Solution? | Não existe questão mais intratável e controversa na legislação falimentar moderna do que a distribuição dos ativos do falido entre os seus credores. A questão ressurge toda a vez que há um grande processo de falência ou uma grande recessão económica, como aquela da qual somente recentemente muitos países industrializados emergiram. Nessas épocas, os credores reclamam, amargamente, sobre o tratamento desleixado que recebem do sistema falimentar. |